“跡継ぎ”がいなくても会社は残せる！

株式会社イワサキ経営 代表取締役社長
日本商工会議所青年部 会長（令和３年度）
吉川正明 著

ACHIEVEMENT

“跡継ぎ”がいなくても会社は残せる！

必ずうまくいく従業員承継のススメ

はじめに

人生で最も驚いた、突然の後継指名

「後継者を吉川くんにする」

寝耳に水でした。

あれは2006（平成18）年1月に開かれた「経営計画発表会」でのこと。

当社では毎年1月、社員が全員参加する経営計画発表会が開かれます。その時、岩崎一雄代表（当時）がいきなりそう話し出したのです。

私は岩崎から事前に何も聞かされておらず、それとなく打診されたことも一切ありませんでした。私の人生で後にも先にも、これほど驚いた瞬間はありません。

当時、私は32歳。私よりも年配で、役職が高い方も社内に大勢いました。それなのに、自分が後継者に指名されるなんて……。

想像してみてください。もしあなたがオーナー企業のいち社員だとして、社長からいきなり「あなたが次期社長です」と全社員の前で言われたら。腰を抜かすくらい驚くでしょう。


この瞬間から、私の人生は急展開を始めました。


先代の岩崎はもともと口数の少ない人物でしたが、皆の前で発表したからには、その後、私に対して何かしらフォローがあるかと思いました。ところが、それも一切なし。皆の前で言いっ放しです。

「何か聞いていましたか?」

経営計画発表会が終わった後、社内のいろいろな人に聞いて回りましたが、皆が、

「いや、初めて聞いたよ」

と、首を振るばかり。

当時、総務部長だった先代の奥さまに聞いても、「私も初めて聞いて、ビックリ」と言うではありませんか。先代は本当に1人で決めたようでした。

私が後継者に指名されたことに驚いたのは、私自身だけではありません。あの時、他の社員たちも呆気に取られたはずです。

というのも、私は会計事務所内で、税務・会計業務には携わっていなかったからです。

私は1996（平成8）年に新卒で、静岡県沼津市にある会計事務所・イワサキ経営に入社しました。

当時は社員数30人程度の会計事務所。入社後は、税務・会計部門に配属が決まっていました。

ところが、急に相続を担当する資産税課に配属先が変更されました。資産税課の社員2人のうち1人が、私が入社する直前の3月に退職してしまったからです。

私が後継指名を受けた時はちょうど入社10年目でしたが、私はそれまでずっと、資産税課で相続を専門に担当してきました。

会計事務所の、いわば中核業務は、顧問先の会計処理や税務申告といった税務・会計です。これに対して相続の業務は、当時の事務所内では言ってしまえば地味で脇役のような位置づけ。そんな部署に所属している私が後継者に指名されるのは考えられませんでした。

しかも、私は税理士の資格を持っていません。創業者で代表の岩﨑は税理士です。普通に考えて、税理士が率いる会計事務所を、税理士が継がないのはおかしな話です。

課長から、一足飛びに専務に昇格

後継指名を受けた時、私は事務所内では若手の部類。ベテランの先輩社員がたくさんいました。私が後継者に指名されて、快く思わない人もいたでしょう。

経営計画発表会の後、後継指名を受けたことについて私に話しかけてくる人は、誰1人としていませんでした。

「吉川くん、後継者って言われたけど、どうすんの?」と誰も突っ込んでこなかったのです。ちゃかしてくる人もいませんでした。

誰も触れない。先代も何も言わない。私から先代に「あの話はどういうことですか?」とも聞けない。職場に漂うのは微妙な空気ばかり。

何もしないまま時間ばかりが過ぎ、2カ月くらい経つと、あの経営計画発表会が夢だったような感覚になりました。


ところが、2月後半。銀行の担当者が来社した時のことです。岩﨑に「吉川くん、ちょっと」と呼ばれました。名刺交換するように言われたのです。

「後継者の予定の吉川です」

岩﨑は、私をそう紹介するではありませんか。

私は「あの話は生きてたんだ……」と改めて思いました。ですが、さすがにその場で「いや、私はまだ引き受けると言っていませんよ」とは言えません。私は「よろしくお願いします」と、銀行の担当者に名刺を差し出しました。

さすがに私は気持ちがスッキリしなかったので、宮川良太常務(現・監査役=64ページ参照)に相談しました。岩﨑と2人になった時、「吉川くんが後継者だと言ってから、それっきり何もありませんが、どうするつもりですか？」と聞いてくれたそうです。

「宮川くんの役職は何だっけ？」

「常務です」

「それなら吉川くんを専務にしようか」

そんなやり取りがあったようです。私はその場にいませんでしたが、それで私は専務になりました。

会社を未来につなげる「従業員承継」という選択

その後、専務になってから社長になるまでに7年の準備期間がありましたが、私は「地獄の7年」と呼んでいます。それくらい苦しい日々でした。この間、社内の人間関係にとても悩みました。後継者を辞退したいと、先代に申し出たこともあります。

しかし、今の私は声を大にして言いたい。

後継ぎを引き受けて、本当に良かったと。

もし、今この本を手に取っているあなたが、社長から「後を継がないか?」と打診された立場なら、そして、自分のいる会社や仕事が好きならば、ぜひとも受けた方がいい、とお伝えしたい。

私自身、入社した時からこの会社が好きで、純粋に仕事が好きでした。

お客さまに喜んで頂き、それが自分の喜びにもなる。「ビジネスは喜び合うこと」という先代・岩﨑の考えが、ごく自然に体現されているこの会社がずっと続いてほしいと願っていました。

だから、誰かが岩﨑の後を継がなければならない。

何度も心が折れそうになりましたが、大好きなイワサキ経営を残すために、やろうと決めたのです。

私は最初から経営者を志していたわけではありませんが、実際に経営者になって見る世界は、とても刺激的で楽しいものでした。一挙に世界が広がりました。

商工会議所青年部（ＹＥＧ）に所属して、全国の同世代の経営者仲間ができ、そこから様々な刺激を受け、会社の事業に還元したり、経営者としての成長、自己研鑽にもつながっています。私の人生に、大いにプラスになっています。

もしあなたが、後継者として事業を承継する立場にいるのなら、それは事業を次世代に向けて発展させ、自身がひと回りもふた回りも成長できる、ビッグチャンスです。一度しかない人生、ぜひチャレンジしてほしいのです。

そして、今この本をご覧になっているのが、後継者不在に悩む中小企業の創業者の方だとしたら、会社を残す選択肢として「従業員承継」という方法があることを、ぜひ知ってほしいと思います。

親族内に跡継ぎがいなくても、一緒に仕事をしている社員の中に会社の未来を考えている優秀な社員がいないか、自社の中を見直してみてほしいのです。

意外と従業員の中には、仕事が大好きで、会社の存続を願い、その将来を真剣に考えている人がいるものです。

しかし私が知る限り、社員に後を継がせようという発想自体を持っていない経営者の方が、まだまだ大勢います。事業存続の方法は、親族内承継に限りません。従業員承継も選択肢のひとつです。社員の中に後継者にふさわしい人がいないのか、もう一度目を向けてみてほしいのです。

日本の企業数の99％を占め、日本経済を支える中小企業。しかし昨今は、黒字経営であるにもかかわらず、後継者不在で廃業危機に瀕している会社がたくさんあります。起業した企業の3割が10年以内、5割が20年以内に廃業すると言われている中で、事業を興し、それを存続できたことは、お客さまや社員にとって、それだけの価値がある、必要とされている会社だということです。

創業者として築き上げてきたその価値を、ぜひ未来につないで頂きたいのです。

………

当社、イワサキ経営は1973（昭和48）年創業、代表の岩崎を含めて4人でスタートした会社です。

私が後継者に指名された7年間の専務時代には、業績が赤字になったこともあります。もしかしたら先代が、事業承継は失敗かと感じた瞬間もあるかもしれません。

しかし、私が社長に就任してから、2021（令和3）年現在までの7年間で業績はV字回復を果たしました。従業員数は100人を超えました。当社の理念に共感し、それを体現する仲間は約2倍にも増えました。事業規模も拡大し、売上高は2010（平成22）年と現在を比較して、約1・6倍。右肩上がりで増えています。

先代の築いた理念を、より大きな規模で実現できる会社に成長しています。

これから本書では、従業員承継について、私自身が悪戦苦闘した経験を通して、ご紹介していきます。

先代から受け継いだ有形無形の財産をどのように活かしていったか、後継者の立場からお伝えしていきます。

いち社員がオーナー企業を引き継ぐには、人間関係や自社株の買い取り、借入金の個人保証など、様々な課題がのしかかってきますが、それら実際の課題をどう解決したのか。当社の承継事例をお伝えすることで、私と同じ立場に当たる後継者の方が事業承継をスムーズに進められるよう、少しでも手助けになれれば幸いです。

また、従業員承継を成功させるためには、継ぐ側の努力が不可欠なのは言うまでもありませんが、継がせる側の理解や後押しも欠かせません。創業経営者の方にとっては、後継者がどんなところで悩み、つまずくのか。私個人のひとつの事例ではありますが、本書をご覧頂くことで、後継者をフォローするための一助となれば幸いです。

中小企業は、日本の経済と雇用の活力源です。事業承継において、従業員承継という選択肢を増やすことで、企業存続の確率が高くなり、減少を食い止めることができます。

本書を通じて、中小企業のさらなる成長や発展、日本経済の活性化につながることを願っています。

目次――〝跡継ぎ〟がいなくても会社は残せる！

第1章 「従業員承継」という選択

第2章
「後継者」が「2代目経営者」になるまで

第3章

「従業員承継」の実際の進め方

第4章

事業承継で変えないこと・変えたこと

第5章 理念をつなぐための採用・組織作り

第6章
従業員出身だからできる、会社を発展させる成長戦略

第7章
従業員による、従業員のための、従業員承継

おわりに

特別鼎談　従業員承継が日本の中小企業経営の未来を拓く

第1章

「従業員承継」という選択

2017（平成29）年当時。2代目経営者の吉川（左）と先代の岩﨑（右）。

2020（令和2）年。新社屋にて、
先代の岩﨑一雄・千鶴子夫妻。

進む中小企業経営者の高齢化と後継者不在

本章ではまず、中小企業の現状と事業承継の選択肢について簡単にご紹介します。

日本では年々、経営者の高齢化が進んでいます。帝国データバンクの調べによると、2020（令和2）年の全国の社長の平均年齢は60・1歳でした。60歳を突破したのはこれが史上初だそうです。ちなみに、約30年前の1990（平成2）年の社長の平均年齢は、今より6歳ほど若い54・1歳でした（26ページ図表1参照）。

人生100年時代といわれます。平均寿命は年々延び、元気な高齢者が増えましたが、経営者はいつか必ず引退を迎えます。その時になって、慌てて後継者を見つけようとしても、時すでに遅しとなりかねません。

中小企業白書（2020年版）によると、後継者が不在の経営者は60代で約半数、70代で約4割、80代で約3割に上ります（26ページ図表2参照）。

中小企業の後継者不足が今、深刻な状況です。私の実感としても、後継者問題を抱

図表1　社長の平均年齢

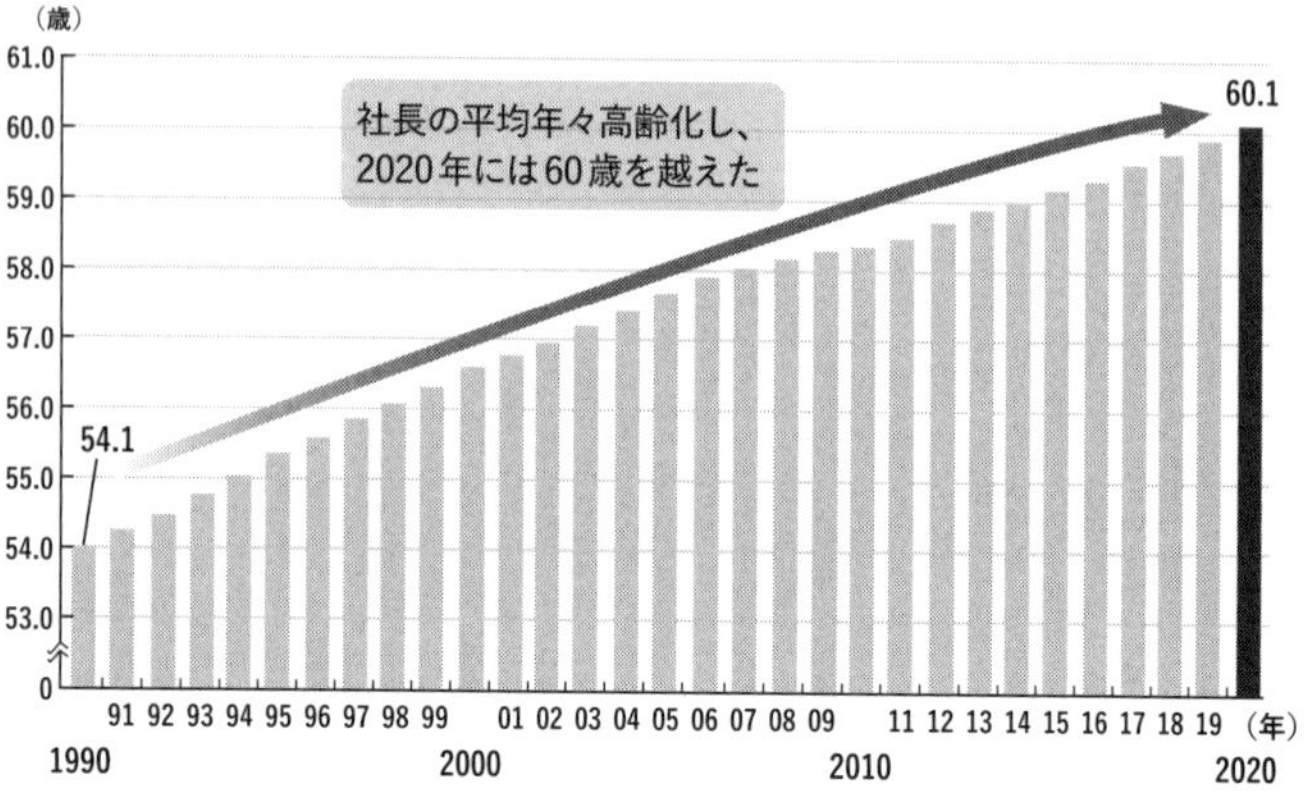

帝国データバンク資料より作成

図表2　社長の年齢別に見た、後継者決定状況

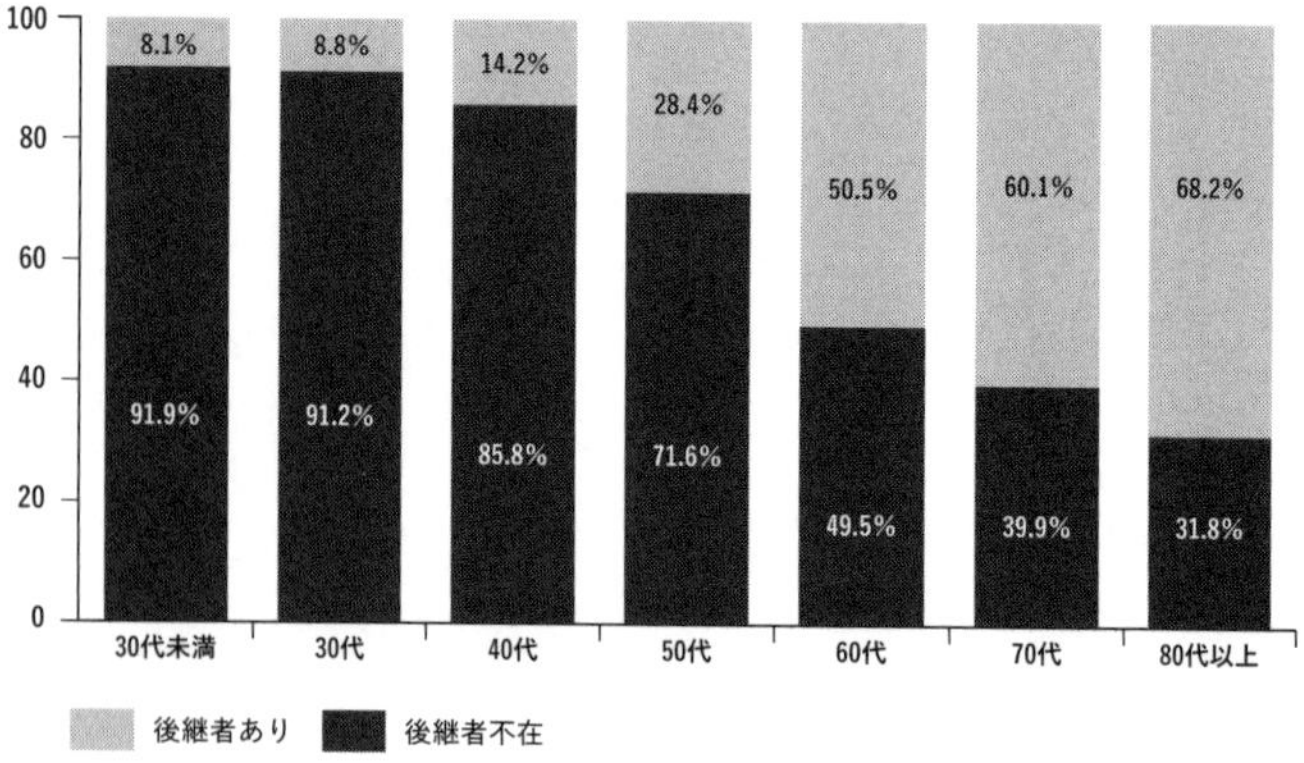

出典：帝国データバンク「全国・後継者不在企業動向調査」(2019年)

える中小企業が増えてきています。私が後を継いだイワサキ経営は、税務・会計から相続、不動産、保険、デジタルトランスフォーメーション（DX）、人材育成まで、総合的な経営支援を手がけています。お客さまの多くは地元の中小企業です。そのつながりから、事業承継やM&Aのご相談も舞い込んでくるのです。

時代の変化に伴って、産業構造も変化しています。事業の将来展望が乏しいと見切りをつけて、自分の代で廃業を決めている経営者もいることでしょう。

一方で、廃業や解散を選ぶ企業の約6割は黒字です。将来性があるにもかかわらず、後継者がいないがために廃業を選ばざるを得ないケースもあるのです。

「はじめに」で触れた通り、日本の企業数の99%を占め、雇用の約7割を生み出しているのは中小企業です。中小企業は単に自社に利益をもたらすだけの存在ではありません。中小企業には、地域の特性に合わせたサービスの提供や地域の活性化、雇用の創出など、様々な社会的意義があるのです。

中小企業の経営者の世代交代をどうやって進めていくのか。

これが今、日本の大きな社会問題になっているのです。

事業承継の3つの選択肢

中小企業を次世代につなげていく事業承継の方法は、大きく分けて次の3つがあります。

①親族内承継

中小企業の2代目、3代目というと、親から子へと受け継いでいくイメージがあると思います。まさにこれが親族内承継の代表例です。経営者の長男が受け継ぐことが多いですが、娘や娘婿、兄弟、甥・姪などのパターンもあります。

親族内での承継は最も馴染みがあり、関係者の理解を得られやすい方法です。自社株や財産を、相続や贈与によって先代から後継者へ移転できるため、所有と経営を一体的に渡しやすいというメリットもあります。

ただ、経営者に子どもがいなかったり、親族に経営能力のある人材がいない場合などは、別の方法を探す必要があります。

②従業員承継

役員を含めた従業員への承継です。

経営者が選んだ社内の人間が後を継ぐと、先代の考えや企業文化などが受け継がれやすいメリットがあります。

所有と経営が分離している大企業の場合、生え抜きにしろ、外部からの招聘《しょうへい》にしろ、親族外の人材がトップに立つのが一般的です。しかし、オーナーが自社株の大半を所有するオーナー企業の場合、所有（株主）と経営が分離していません。

オーナー社長から所有も経営も全て承継される場合、後継者は自社株を買い取るのが基本。オーナー社長が後継者に自社株を贈与する場合は贈与税を払うだけで済みますが、そうはいかないことが多いでしょう。ちなみに私は冗談で先代に「自社株を贈与してください」と言ってみましたが、そうはさせてくれませんでした。

一方、「雇われ社長」のパターンも考えられます。これは、オーナーが自社株を持ったまま、従業員が経営権だけを承継して雇われ社長になるというものです。

従業員承継の場合も、親族内承継同様に適任がいるかどうか、また、先代が適任者を育てられるかどうかが問われます。

③M&A

親族内にも従業員・役員にも後継者がいない場合、外部に会社を売却する選択肢があります。

とりわけ安定した顧客を抱えていて、収益も上がっている会社なら、買い手が付く可能性が高いです。

売却先は、取引先や同業他社など様々です。M&Aの公的な支援機関もあります。最近は、買い手と売り手を仲介するビジネスを手がける企業が増えてきました。

M&Aにはいくつかメリットがあります。

まず、親族や従業員といった狭い範囲に留まらず、広く意欲や能力のある後継者を選べること。

次に、親族内や社内での人間関係の争いごとが起こりにくいこと。

さらに、経営者は事業売却によって負債を完済できる可能性もあります。経営者によってはハッピーリタイアを実現できるでしょう。

図表3　現社長の就任経緯とその割合

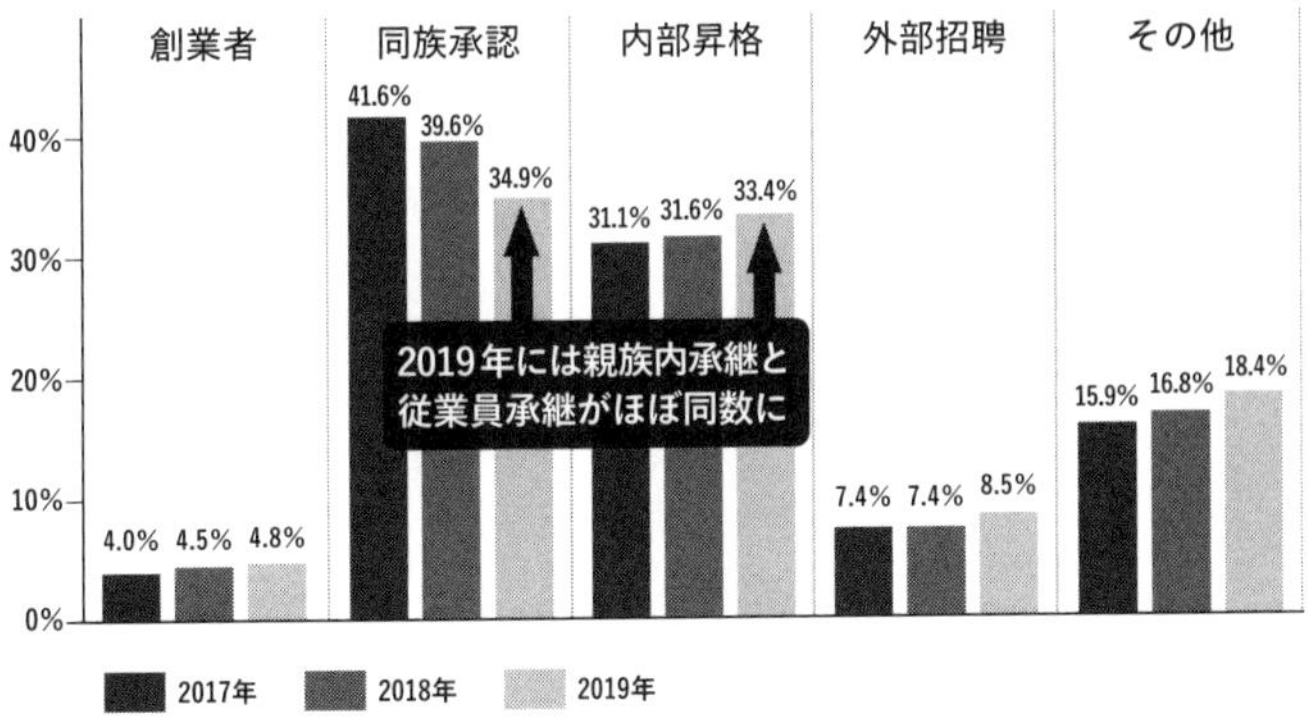

帝国データバンク「全国・後継者不在企業動向調査」（2019年）より作成

ただし、魅力的な会社でなければ買い手が付きません。

従業員承継は増えている！

事業承継というと、長男が継ぐというイメージが強いかもしれませんが、親族内承継の割合は、実は年々減ってきています。2017（平成29）年は41・6％でしたが、2018（平成30）年には39・6％と40％を割り込み、2019（平成31・令和元）年には34・9％にまで落ち込みました。全体のほぼ3分の1です（図表3参照）。

これに対して、近年、増えてきたのが

従業員承継やM&Aといった親族外への承継です。このうち、従業員の内部昇格による承継は、2019年には33・4%に達しました。同族承継と内部昇格がほぼ同数になったのです。(ちなみに外部招聘も増加していますが、今のところ8・5%(2019年)とわずかです)

企業が廃業する時、「子どもがいない」「子どもに継ぐ意思がない」という理由が2割くらいを占めています。

しかし、たとえ親族内に後継者がいなくても、従業員承継によって事業を継続させることができるのです。

従業員承継のメリット

従業員承継はなぜ増えてきているのでしょうか。単に親族内の後継者が不足しているだけでなく、従業員承継自体にメリットがあるからに他なりません。

従業員承継には、主に次の4つのメリットがあると考えられます。

メリット①　雇用の確保

M&Aの場合、事業の収益性を優先する傾向が強く、人員削減が実施される可能性があります。その点、従業員承継なら、雇用が維持される可能性が高く、従業員の理解が得られやすいのです。

メリット②　事業の継続・発展性

従業員なら事業内容や業界事情を熟知しています。従業員の中から厳選して後継者を指名していると考えられることから、事業承継をきっかけに経営が改善されて、事業が大きく飛躍することも期待できます。

メリット③　理念の承継

M&Aによって経営状態が良くなったり、事業が拡大することもありますが、経営理念や企業文化が引き継がれるとは限りません。そうなると、働く社員たちは不安を感じるでしょう。

その点、従業員承継なら、劇的に経営方針や社内体制を変えるとは考えにくい。そもそも、先代は自分の理念を否定するような従業員に会社を譲らないでしょう。先代が大切にしてきた経営理念や企業文化をそのまま引き継いで経営していくと期待できます。

メリット④　顧客の安心感

お客さまにとっても、これまで通りに先代と変わらぬ取引条件が続くと期待できます。商品やサービスのクオリティや価格が大きく変わってしまう心配もありません。

従業員承継のデメリット

一方で、従業員承継のデメリットとして挙げられるのが、自社株の買い取りと借入金の個人保証の問題です。私もお金の壁にぶつかりました。

自社株の承継については、親族内なら相続税や贈与税を猶予・免除する特例制度がありますす。従業員が承継した場合でも、自社株の贈与を受ければこの特例制度が適用されますが、タダで株式を渡す経営者はまずいないでしょう。

従業員が自社株を買い取る場合は税制の特例はありません。所得税を払いながら、自ら自社株を買い取らなければならないのです。

もうひとつは個人保証の問題です。多くの中小企業では、会社の借入金を経営者個人が連帯保証しています。後継者が経営者の個人保証をそのまま引き継ぐ場合、多額の借入金があると、後継者にとって心理的なハードルが高くなります。また、後継者の家族なども含めて十分な説明と、理解を得る必要があります。

個人保証があるから従業員承継に踏み切れないこともあるほど、大きな問題なのです。

従業員に承継するものとは？

従業員承継の時、先代から後継者にいったい何を渡すのでしょうか？　事業承継イコール社長の交代というイメージがあるかもしれません。

しかし、承継するのは「経営権」だけではありません。

経営権に加えて「資産」「知的財産」も承継することになります。

それぞれについて簡単に見ていきましょう。

①経営権（人）の承継

代表取締役の交代です。

先代が築き上げてきた事業を経営力のある従業員に託せるかどうか。これが事業承継の成否を左右すると言っても良いでしょう。

中小企業の場合、ノウハウや取引先との関係が経営者個人に集中しているケースが少なくありません。これらを後継者に引き渡していくわけです。

後継者が経営力を身につけるには、5～10年の準備期間が必要とされています。私の場合は専務時代の7年間が準備期間に相当します。

先代が歳を取るように、後継者も歳を取ります。私が後継指名を受けたのは32歳、先代が66歳の時でした。早めに後継者を選んで準備すべきです。

経営者の平均引退年齢は70歳前後。準備期間を考えると、60歳くらいには事業承継の準備を始めるのが理想的です。

図表4　事業承継の構成要素

人（経営）の承継	資産の承継
・経営権	・株式 ・事業用資産（設備・不動産等） ・資金（運転資金・借入金）

知的資産の承継

・経営理念・従業員の技術や技能
・ノウハウ・経営者の信用・取引先との人脈
・顧客情報・知的財産権（特許等）・許認可　等

出典：中小企業庁「事業承継ガイドライン」（平成28年12月）

②資産の承継

設備や不動産などの事業用資産、債権、債務、自社株などを承継します。

先ほど触れたように、自社株の買取資金の調達の難しさは、従業員承継を阻む大きなハードルになっています。

資金調達の方法は、後継者の報酬の引き上げや銀行からの借り入れが一般的。私の場合は報酬を引き上げて買い取っています。

配当や議決権などの権利が異なる種類株式や持株会社、従業員持株会などを活用したスキームもあります。

③知的資産の承継

知的資産とは、人材や技術、技能、知的

財産（特許・ブランドなど）、組織力、経営理念、顧客とのネットワークといった財務諸表には表れてこない目に見えにくい経営資源の総称です。

いわば無形の資産です。

先代が創業社長なら、多かれ少なかれ起業家としてのカリスマ性があるものです。先代の人間性に魅力を感じてついてきた従業員が代替わりに伴って大量退職するケースもあります。そうすると、社内の知的資産が失われてしまうのです。

知的資産こそが会社の強みそのものですから、次の世代に承継できなければ、その企業は競争力を失ってしまいかねません。

これまで見てきたように、事業承継の方法には、それぞれメリットもデメリットもあります。

従業員承継よりM&Aの方が、事業承継の方法として適している企業もあるでしょう。従業員承継の方が事業の安定した継続性が見込めますが、場合によっては、M&Aの方が、買い手企業との相乗効果で従来と形を変えて大きく成長することもあり得ます。

どの方法が最も優れている、ということはなく、自社の状況に合わせて事業承継の方法を選択していくことになります。

当社が選択した従業員承継にも、自社株の買い取りや個人保証の問題といった課題がないわけではありません。事業の継続どころか、後継指名されてから赤字に転落した時期もあります。

いち社員だった私がどのようにして従業員承継の課題をクリアし、会社を承継して成長軌道に乗せていったのか。次の章からは、私が実際に経験した従業員承継の具体的な話をお伝えしていきます。

従業員承継成功のヒント　社員インタビュー①

ベテランがいかに2代目を支えるか

取締役　高島正明　1987（昭和62）年入社

岩﨑イズムを吉川社長なりにアレンジ

今、当社で2番目に社歴が古いのが私です。

創業当時は4人でしたが、私が入社した時は20名弱。その頃から、何でも取り込んでみよう、やってみようという気風がありました。

税理士事務所の仕事は税務申告が中心なので、そこに重きを置いている税理士が業界には多かったと思います。それに対して、当社は経営についてのアドバイスの方が重要な位置づけだと考えていました。税務申告は、過去の計算です。それを踏まえて、私たちはお客さまに何を提供して喜んでいただけるのか。未来を見通した経営についてアドバイスする良き相談者を目指していました。

そのためには、担当者1人ひとりが学ばなければいけません。私が入社した当時から、希望すれば、いろんな外部の研修に行かせてもらえた記憶があります。

吉川が社長になっても、そこは全く変わりません。今も研修を前向きに捉えて、外部研修への参加を奨励しています。

社風の変化も全く感じません。岩﨑一雄イズムといったら良いのでしょうか。吉川は、そこは変えてはいけないと考えているはずです。岩﨑イズムは変えずに、プラスアルファでクレドを制定するなど、自分なりにアレンジしていると思います。

対外的な信頼・安心感を高めるベテランのフォロー

親子だから継ぐのとは異なり、従業員承継だからこその責任の重さというのは、間違いなく吉川は感じていると思います。その重圧に屈することなく前進している姿を、私も他の社員も見て、感じています。

今の時代は、仕事とプライベートをしっかりと分けるのがスマートな経営者でしょう。岩﨑は「趣味は仕事です」と公言していました。「好きなことをやっていて、疲れますか？」というスタンスです。

吉川も、イワサキ経営の社長としての仕事だけでなく、日本ＹＥＧの会長を務めているので、ここ数年は全国行脚しています。休みなく働いているのは岩崎と同じです。

何としてもこのイワサキ経営をもっと盛り上げていきたい、大きくしていきたい、そのために今は頑張らなければいけないと強く思っているのではないでしょうか。

後継指名当時、吉川は年齢が少し若いので、お客さまの中には心配した方がいたかもしれません。逆に言うと、ベテランの先輩たちが、いかにそこをフォローして、社長を盛り立てていくかが問われていました。

私たち役員も、会長が任命した人なのだから、吉川社長を支えていかなければいけないというのは、共通認識です。

第2章

「後継者」が「2代目経営者」になるまで

吉川が突然の後継指名を受けた「経営計画発表会」。毎年1月に社員全員参加で開かれる。写真は2021(令和3)年のもの。

事前に打診されたら100%断っていた

先代がなぜ全社員の前で突然、私を後継指名したのか、実はいまだに分かりません。しかし、もし事前に先代から「吉川くん、会社を継いでもらえないか」と持ちかけられていたら、私は100%断っていました。

「他に適任者がいます」と返したか、それとも「考えておきます」とお茶を濁したかは分かりません。しかし、「ぜひ、やらせてください」とは言わなかったでしょう。

当時の私は現状に何の不満もなく、相続の仕事は楽しいものでした。充実した日常をあえて変える理由はなく、リスクを冒して経営者になる必要がありませんでした。

そもそも、私は学生時代から安定志向でした。それは、父の言動に影響を受けていたからかもしれません。

私の父はゲームセンターを経営していました。

ホテルや旅館に、古いテーブルゲームが置いてあるのを目にしたことがあるかもしれません。父は、ゲームセンターで古くなったゲーム機を旅館に設置する事業など、商売を広げていました。自営業は一般的に、事業の利益と生活が直結しています。わが家も例外ではありませんでした。

父は、自分と同じような苦労を私にさせたくなかったのでしょう。「お前は公務員とか、安定した仕事に就いた方がいいんじゃないか？」と、よく言っていました。だから私自身も、これからの時代は安定した職業に就いた方が苦労しないで済む、自分の将来にとって良いと考えていました。「会計事務所なら、安定していていいんじゃないか？」という父の言葉もあり、就職活動のとき、イワサキ経営に応募したのです。

しかし、もちろんこのときは自分が経営者になるとは微塵も考えていませんでした。

後継者候補を断ろうと思えば、断ることもできたでしょう。

断る場を与えてもらえなかったというのはありますが、本当に嫌なら本気で固辞すればいいわけです。

それでも、私が断らなかったのはなぜかというと、ひとつは、親族に後継者がいないという会社の事情を察していたからです。誰かがやらなければいけない、自分が指名された以上は、引き受けるしかないと思いました。

もうひとつは、私が先代を尊敬していたからです。自分が尊敬している人から頼まれたからには、期待に応えたいという思いが芽生えました。

引っ張ろうとすると空回り、皆の意見を聞くのもダメ

課長だった私は突然、次期社長候補に指名され、専務になりました。数人を束ねる課長から、専務として会社全体の経営に関わるようになり、カバーする範囲が一気に広がりました。

経営幹部としてリーダーシップを発揮するにはどうすればいいのか？

私は試行錯誤しましたが、なかなか社員を巻き込めませんでした。

相続畑の私は、税務・会計業務について細かいことまでは分かりません。どうしても、自分がこれまで担ってきた営業活動や事務所全体の取り組みでリーダーシップを発揮するしかありませんでしたが、周囲からは「税務・会計の実務とは関係のないム

ダなこと」と見なされたのかもしれません。全く受け入れられませんでした。自分が話していて、社員たちの心に響いていないのが、自分でも分かりました。自らグイグイ引っ張っていくようなリーダーシップを発揮するのは難しいと思い知らされたのです。

それならば、皆の意見を吸い上げて、合議制のような形で物事を決めていく方が良いのではないか。皆を引っ張っていくスタイルから、意見を聞くスタイルに切り替えたのですが、社員から意見が上がらないどころか、今度は「決断力のない若造」と思われるようになってしまったのです。

引っ張ってもついてこない、皆の意見を聞こうとしてもダメ。専務時代は空回りばかりしていました。

経営者としての器を考えると、先代の岩﨑には創業者ならではのカリスマ性があり、人格者として皆に慕われていました。片や私には、先代のようなカリスマ性もなく、ましてや人格者でもない。

私は後継者として何をどうすればいいのか、分からなくなってしまいました。

人が離れていく2年間、悪化していく業績

「実は、別会社への転籍を希望している社員がいるんだよ。承諾したから」

先代に呼ばれて、そう事後報告を受けたことがありました。

私が後継指名を受けてからの2年間、社員たちの多くが会社への将来性や魅力を感じなくなり、不安を抱いていました。

「もうイワサキ経営には未来はない。この会社にいてもしょうがない」

社員たちの目には、成長している関連会社の方が魅力的に映ったのでしょう。転籍を希望する社員が出てきたり、辞めていった社員も何人かいます。

社員の転籍や退職が続くと、私は夜も眠れなくなりました。あの時は人生で最も落ち込んだ時期です。いつもは布団に入って3分もあれば眠れるのに、当時は眠れず、夜中、涙が止まらないこともありました。

あの頃、私は新婚でした。妻からは「もう辞めた方がいいよ。こんなにつらい思い

をするのだったら」、そう言われたこともありました。

そして、後継指名されてから3年近く経った2008（平成20）年の大晦日。

「もう無理です。辞めさせてください」

私は、泣きながら先代にそう伝えました。

私は会社も仕事も大好きでしたが、専務、そして次期社長というポジションを辞退したいと申し出たのです。

先代が私のことを何かしら認めてくれたから、後継者に指名されたに違いありません。しかし当時は、なぜ自分がこんなに苦しまなければいけないのと、思い詰めてしまっていました。

ところが先代は、

「ぼくは吉川くんに決めたから」と言いました。

「吉川くんを良く思わない奴がいれば、そんなのは辞めればいいんだ。事務所の人数が半分になっても構わない」

先代は、そこまで言い切りました。もう断る理由が見つかりません。

「分かりました」

次期経営者として、周囲から認められない状況を打破する糸口は全く見えませんでしたが、それでも、私は「もう少し我慢します」と伝えるしかありませんでした。

先代に「辞めたい」と直談判した大晦日の翌2009（平成21）～2010（平成22）年の2年間は、何とか我慢しながら専務を務めていました。

社内の人間関係からの逃げ道ではありませんが、自分が担当してきた相続部門に力を注ぎ、一方で、会社の主軸である税務・会計部門はどちらかというと任せ切りにしていました。ところが、だましだましの2年間で、業績が急速に悪化していったのです。

一部の人間から、経営者にはふさわしくないと陰口を言われたり、あるいは面と向かって批判的なことを言われることもありました。

当時、先代と私の席は隣同士でした。社員は朝、出社すると、先代に挨拶した後、私に挨拶するという流れでしたが、私だけには挨拶しない人も何人かいました。今は「挨拶は自分からするものだ」と考えていますが、メンタルが弱っていたあの頃は、そうしたこともつらいものでした。

私自身、好きな人と嫌いな人を自分の中で区別するようになりました。話したくない人とは話さないようにしたのです。私を批判する人の顔も見たくない。嫌な人のことは私の方から避けるようになりました。

そうなると、相手との関係がさらに悪化してしまいます。そうした状態が2年ほど続きました。

鬼の仮面を被った応援者

社内の人間関係に悩んだ私は、一度、外部に相談に行ったことがあります。対応した職員は、私の話をずっと聞いていて、ウンウンとうなずいた後、最後にポツリとこう言いました。

「その人は、きっと鬼の仮面を被ったあなたの応援者ですね。足りないものを教えてくれているんです。だから、逃げちゃダメですよ。逃げていたら、いつまで経っても状況が変わりません」

ハッとしました。私の心に刺さる言葉でした。

私は読書好きなので、似たような内容の文章を読んだ記憶がありました。しかし、人から面と向かって言われたインパクトは大きなものでした。

これをきっかけに、自分に批判的な相手とも、自分からコミュニケーションを取るように努めました。逃げずにもっとコミュニケーションを取っていけば、必ず解決策はあると信じたのです。

すると、不思議なことに他の人との関係も良くなっていったのです。いろいろなことが好転していくではありませんか。

相手を変えるのではなく、自分が変わらなければならない。

そう気づいた時、ようやく経営者になる道筋が見えてきました。

顧客を連れて独立する社員をあえて応援

当時、苦手だったある社員とコミュニケーションを取ってみたところ、その人はすでに独立を考えているようでした。

会計事務所業界では、顧客を連れて退職することがよくありますが、それを事務所が阻止する図式が昔からありました。社内でも、「お客さまを奪われるのを阻止しなければ」という雰囲気になっていました。

しかし私は、その人が辞めてもトコトン応援しようと考えたのです。

会議の時に「お客さまを連れて独立するのを会社として支援したい」と発言したら、幹部全員から猛反対されました。先代からも反対されました。

それでも私は反対を押し切って、その人の独立を応援することにしました。

その人が顧客を連れて退職すると、年間1000万円程度の売上を失います。残った社員からしても面白くないでしょう。しかし私は、その人が気持ち良く独立することは、長い目で見たら会社にとってもプラスになると考えました。

「起業するのだったら、協力するよ」

ある時、そう声をかけると、その人は「は?」と怪訝な顔をしました。

あの表情を、私はいまだに鮮明に覚えています。

私は、その社員を誘って、顧客回りもしました。「今度、独立することになったので、これからもぜひ彼に協力してください。当社は相続や保険もやっているので、そうした案件については引き続きサポートさせて頂きます。当社の会報誌もお送りします」と言って回ったのです。

するとお客さまの間で、私の株が急上昇しました。「イワサキ経営は2代目も器が大きい」と評価してくださったようです。私の悪口を散々言っていたその社員も、何でも話してくれるようになりました。

その後、その人は独立しましたが、同じ業界にいるため、人づてに噂話が耳に入ります。「前の職場にはすごく感謝しているって言っていたよ」という話も聞きました。それを聞いた時、自分は間違っていなかったと確信しました。

結果的に、当社には今、当時の2倍以上の社員がいます。売上も当時より大幅に上がりました。あの時に失った1000万円の売上なんて、十分に挽回できています。

その人だけにではなく、それ以外にも、社員とは当社に所属している間だけでなく、独立後も業務契約で連携するなど、お互いにとってプラスになる関係を築くようにしています。

これはまさに二宮尊徳の「たらいの水の法則」です。たらいの水を自分の方にかき寄せると、縁を伝って向こう側に逃げてしまいます。逆に水を押しやると、縁を伝って自分の方に返ってくるという考えです。本当にその通りになりました。

自分の考え方をひとつ変えるだけで、相手の反応が180度変わる。自分が行動を変えると、相手との関係が劇的に変わる。この時の出来事は、私の考え方に大きな影響を及ぼしました。

私の後継者としての最大の苦労は人間関係でしたが、この経験を通して、社員との接し方が見えてきました。

社員を引っ張るのではなく、応援する

社員との面談方法を変えたことも、私のターニングポイントになりました。

当初はコーチングのノウハウ本を読んで、どうすれば良い面談ができるかを勉強して臨んでいました。しかし、手応えが感じられなかったのです。

テクニックに走っているのが良くないのではないか。そう考えた私は、ノウハウを無視して、その人の望みを聞いて、それを叶えるために何を応援できるかをただひたすら考える、という姿勢に変えました。

すると、社員が本音を話してくれるようになったのです。

その本音に対して、自分が応援する、自分ができることをするというスタンスを徹底したら、社内の人間関係はさらに好転し、社員の仕事の成長や達成につながり、業績も伸びていきました。

会社内では、幹部と社員という上下関係はありますが、人間誰しも自分と生きてきた道が違うわけです。だから、その人自身が持っていて私にないものを尊重するという考え方にしました。

リーダーとして自分が引っ張るのでもない。かといって合議制でもない。

あの頃から、私は社員に対して「応援する」というスタンスになったのです。

先代はひたすら見守ってくれていた

私は仕事柄、様々なお客さまの事業承継を目の当たりにしてきました。

事業承継がスムーズにいく場合もそうでない場合もありますが、後継者の多くが悩んでいるのは、私と同じように「人」、特に社内の人間関係です。

その中でも、最大の課題は先代と後継者の関係です。

大手有名企業でも、親から子へ事業承継したものの、親子のいざこざが勃発してメディアを賑わすことがあります。後継者に承継したものの、先代が口を出して、挙句の果てには後継者を追い出して復権する、というケースも珍しくありません。

事業承継は継ぐ側の後継者の努力が不可欠なのは言うまでもありません。同時に、継がせる側の先代の姿勢も成否を左右します。その点、私は先代に恵まれました。

私の事業承継がうまくいったのは、7～8割方は先代のおかげだと思っています。

後継者に任せると決めた以上、余計なことは言わない。

温かく見守る。

こうした先代の一貫した姿勢に、私がどれだけ救われたことでしょうか。

先代が私を見守ってくれていたのは、専務時代だけではありません。

私が若い頃、「不動産部門を作りたい」など様々なことを提案しましたが、先代からダメと言われたことはほとんどありませんでした。

振り返ると、「自分は何であんなことをしたんだろう」「バカなことを考えていたな」

ということもあります。しかし、そうしたことについても先代から特に何も言われませんでした。何も言われなかったので、自分で問題に気づいて、解決策を考えて、乗り越えていく力が自ずと身についたのかもしれません。

自分でゼロから会社を立ち上げた創業者は、自分の上に誰もいません。誰かに物言いをつけられることもなく好きなことができます。

片や後継者の上には創業者がいます。先代が目の上のタンコブのようになっていると、後継者はやりにくい。やりたいこともできません。

これが、創業と事業承継の大きな違いだと思います。

私は後継者にもかかわらず、創業者と同じぐらいの自由度でやらせてもらえました。

先代が信頼してくれるからこそ、責任の大きさを痛感

私は入社以来、先代にダメと言われた記憶がありません。それは事業承継した後も変わりません。

私が新しいことを始めようとしても、先代から全く何も言われません。先代は礼儀を重要視していたので、たとえば社員が挨拶をしない時は、私が怒られます。しかし、仕事のことで怒られた記憶がありません。方向性や戦略で口出しされることもありません。

私は様々な企業の事業承継を見てきましたが、うまくいかない原因の多くは、身を引いたはずの先代の影響力が強過ぎることです。

後継者がいくら頑張っても、先代の姿勢次第で承継の成否が左右されてしまうのです。もちろん、先代だけの責任ではありません。後継者は任されるような行動を取らなければなりません。

私が任されるだけの行動を取っていたかは自分では分かりませんが、少なくとも先代は全幅の信頼を寄せてくれました。後継者になってから手がけた新社屋の建設も、クレド（行動指針）の制定も、ロゴマークの作成も、フリーアドレス制の導入も、先代からはほとんど口出しされませんでした。

ただ、そうはいっても自分が社長になるまでは、契約事は先代からハンコをもらわなければなりません。お金がかかることは、先代に最終的に承諾してもらわなければなりません。そのためによくプレゼンしました。

どうしたら先代からOKをもらえるかということは、よく考えていました。

先代は何でもOKしてくれる。だからかえって、私は責任の大きさを痛感していました。失敗できないプレッシャーもありました。

先代にプレゼンする時は、お客さまにプレゼンするのと同じくらいの気持ちと準備で挑んでいました。

「こういうシステムを導入したい」「こういう広告を打ちたい」というのもそうですし、「こんな高額な研修があるのですが、自分に足りないものを補うために参加したい」というのもそうです。

私が全力でプレゼンするたびに、先代から「ドンドンやれ！」と背中を押されました。

先代に必要な「任せる覚悟」

「任せることが、事業承継成功のカギ」

このことは、経営者なら誰もが分かっていると思います。

任せることが大切なのは、事業承継に限りません。上司が部下に仕事を任せて見守ることも、人の育成や会社の成長には欠かせません。

しかし、「見守る」と口で言うのは簡単ですが、実行するのは極めて難しい。

私も、社員にはやりたいことを極力やらせようと考えています。それでも過去には、自分の考えと違うことは止めてしまうことがありました。

自分の考えと違うことでもやらせた方が良いのか、それともやらせない方が良いのか。どちらが経営者として正しい判断かは分かりません。ただ、少なくとも、経営者が口を出すのと、見守るのとでは、後者の方が経営者として大きなリスクを選択しています。

ゼロから会社を立ち上げた創業者は、社員とは比べものにならないくらい馬力があります。信念も強い。後継者に任せることが大切だとは分かっていても、任せられない創業者が多いのではないでしょうか。後継者が頼りない、まだ自分の方が力があると感じる場面もあるはずです。

後継者に任せられないなら、事業承継などせずに自分で経営を続ければいいのです。後継者に事業を承継すると決めた以上は「任せる覚悟」が必要です。

その点、岩崎は本当に肝が据わっていました。

私は後継者といっても、辞めようと思えば辞められる立場でした。専務時代は会社の借り入れに自分が個人保証を入れているわけではありませんでした。自社株を持っているわけでもありませんでした。逃げ出そうと思えば、逃げ出せる立場だったのです。そんな人物に会社を委ねるというのは、勇気がいることでしょう。何かあれば、先代自身が全てのリスクを背負わなければならないからです。

それでも、次世代に承継すると決めたからには、任せるしかない。それを決意するかしないかで、事業承継の成否も分かれるのでは、と私は考えています。

従業員承継成功のヒント　社員インタビュー②

後継者選びの基準は能力の高さより、それ以上の情熱の熱さ

監査役　宮川良太　１９８９（平成元）年入社

時代の変わり目という絶好のタイミング

時代の変わり目と、代の替わり目。

当社の場合、これがちょうど合っていました。急速にＩＴ化が進み、紙からパソコンになって、入力さえすればある程度は自動計算で申告書を作れる時代になりました。企業のあり方が変わらざるをえません。

新しいことを受け入れるというのは、私なんかやっとこさっとこ追い付いていっていますが、若い人たちは早い。そういう面では、吉川に代替わりしたことによって、時代に即した事務所のあり方を追求して、発展させやすくなったと思います。

吉川は、若返りを前提にした組織作りを進めています。世代にこだわらず重要ポストに置いたり、上意下達の組織ではなくて、全員の意見を吸い上げながら進めていく方針です。

その点は、創業者でワンマンなところがあった岩崎とは若干、違うかもしれません。昔のようなやり方では、特に、若手の社員は絶対についてこない。後継者に事業を託した経営者もわきまえなければならない点でしょう。

これからの時代に必要な後継者の適性

正直に言って、岩崎が吉川を後継指名したとき、私は必ずしも彼でなければならないとは考えていませんでした。しかし、専務時代の吉川と接するうちに、徐々に考え方や思い、人間性を知るようになって、応援したいという気持ちが強くなっていきました。

「もう、自分はやりたくない」

吉川が専務時代にそう漏らしたことが何度かありました。

私はなんとか次期社長を引き受けてほしいと思っていましたが、最後は本人の気持ち次第。紆余曲折はありましたが、社長という責任の重さを正面から受け止めて、やろうという気になったというのは並大抵のことではありません。吉川はよく引き受けたと思います。

1つ言えることは、後継者に選ばれたとしても、その会社を愛する気持ちが根底にないと、いろんな圧力に屈してつぶれてしまうということ。

「この会社を残したい」「働く従業員を守りたい」という熱い思い。

「自分が継がなければ、この会社は続かない」という責任感。

こうしたものが大切です。重圧をはねのけられるかどうかは、気持ち次第です。能力が高いか、頭が切れるかといったことより、情熱がある人を選んだ方が、なんとかなるのではないでしょうか。

さらに、吉川は自分で切り開いていく能力が高い。吉川は、他の社員と比べて、時代を先取りして積極的に行動するタイプです。会計事務所には古い体質がありますが、吉川のような動きがこれからの時代には必要だと私も感じていました。

まだまだ将来性があるのではないでしょうか。本当に頼もしいと思っています。

第3章

「従業員承継」の実際の進め方

左上：旧社屋の外観。毎朝行われる掃除の様子。右上：先代・岩崎の席の後ろにあった書棚。自己啓発書など、先代が購入した多数の本が並び、社員はそこから本を借りて読んでいた。左下：旧社屋の研修室。社員が増えたため、社屋外に建設した。右下：旧社屋の会議室。

「50人が入る事務所を作りたい」と構想し、先代が建てた旧社屋の落成祝賀会（1987（昭和62）年）。

個人保証は覚悟の問題

第2章では、私が2代目の経営者のあり方について、方向性が定まるまでの話をお伝えしてきました。本章では、当社の事業承継に際して実際にどのような課題があり、どのようにそれを解決していったかをお伝えします。

従業員承継で、人間関係と並んで大きな問題になるのが、「お金」の問題です。中小企業は金融機関から融資を受ける時、経営者個人が返済を保証するのが一般的です。これは、日本独特の商習慣である「個人保証」と呼ばれるものです。会社に借金があるならば、事業を承継するということは借金も受け継ぐということ。自分が経営者として個人保証を差し入れなければなりません。後継者にとってリスクにもなります。

当社の場合は、しばらくは先代と私の両者で保証していましたが、私が社長に就任した4年後に、先代の個人保証が全て抜けました。

２０１６（平成28）年のある日、銀行から自宅に配達証明付きで郵便物が届きました。会社の借入金の保証人になった書類です。

妻と一緒にそれを見た時、「会社がダメになったら、この家を失うんだ……」と思いました。もう逃げられない。もしものことがあれば、自分の家も手放すことになる。その時、それまで悩んでいた人間関係のいざこざがちっぽけなことだと感じられたのです。

私は専務時代、経営判断の多くを任されてはいました。しかし、個人保証を差し入れていない私がやっていたのは経営者ごっこのようなものです。

雇われ社長は、いざとなったらいつでも逃げ出せます。

しかし、個人保証を差し入れたら、もう逃げられません。

自分が悩んでいた人間関係なんて、社員を守ること、会社を守ることとはレベルが違うと思いました。

この時、私は経営者としての覚悟が決まり、先代にとっては第一線から退くタイミングとなりました。

私は、個人保証は経営者としての覚悟の問題だと思っています。

個人保証は事業承継だから差し入れなければならないわけではありません。仮に自分が会社を興しても、借金をすれば個人保証を差し入れるわけです。もちろん、借り入れの金額や会社の財務状況にもよりますが、経営者として会社を継ぐ覚悟さえあれば、私は、個人保証はそれほど大きな問題ではないと思っています。

銀行との関係を大切にする

いくら私が経営者の覚悟ができたとしても、銀行から「あなたは信用が足りないので、個人保証は先代のままにする」と判断されてしまう可能性もあります。

ですから、私は銀行から信頼されることを強く意識していました。

銀行からの信頼を高めるにはどうすればいいのか。大切なのは、自分の会社のことを銀行にしっかりと伝えること。事業計画の説明を含めて、コミュニケーションを密に取ることに、私は専務時代、とにかく力を入れました。

先代もそれを察知してくれていたのか分かりませんが、銀行の支店長との飲み会を何度も開いてくれました。

行く店はいつも同じで、歌う歌もいつも同じ。当時は、業務が残っているのに接待などしていて良いのだろうか……と思っていましたが、振り返ると、銀行との信頼関係を築くのにとても役立ちました。

先代は、銀行との信頼関係作りの下ごしらえをしてくれていたわけです。

ちなみに、先代の個人保証が完全に外れた時、私は少しだけ嬉しさを感じたことを覚えています。銀行から一人前の経営者として認められた気がしたからです。

もし、銀行から「岩﨑先生は外せません」と言われたら、経営者として認められなかったということ。

先代の個人保証が全て外れた時、先代も後継者の私も、お互いにホッとしたわけです。

自社株の買い取り

従業員承継の場合、もうひとつのお金の問題があります。

それは自社株です。

借入金の個人保証は自分の覚悟で乗り越えられますが、自分の力ではどうにもならないのが自社株の問題です。

自社株をどうするか、大きく2つのパターンがあります。

1つ目は、先代らが持っている自社株を後継者が全て買い取り、自らオーナー社長になるパターン。2つ目は、先代が自社株を持ったまま、後継者がいわゆる「雇われ社長」になるパターン。

2つ目のパターンなら、自社株の買い取りで頭を悩ませることはありません。ただ、経営の意思決定権はオーナーが持ち続けることになります。

そうなると、先代が復権する可能性大。後継者が解任されて、先代が経営者に復帰するというのはよくあることです。

私は、後継者が株を全て買い取って、経営権を移してもらった方が良いと考えています。私自身、自社株を買い取って経営の意思決定権も手に入れました。

ただ、自社株を全て手放すことを嫌がる先代も多いようです。当社の先代も、最初は自社株を全て手放すことに抵抗があったようです。自分が創業した会社を手放すことへの寂しさがあるのかもしれません。

後継者が自社株を買い取る場合、最大の問題はその資金をどうするか。私は先代の親族ではないので、相続する権利はありません。贈与してもらえるわけでもありませんでした。会社の所有権も手に入れるとなると、自分のお金で買い取るしかないのです。

上場企業の株式は、市場で価格が決まります。

一方、非上場企業の株価は市場では決まらないことから、算出方法が決められています。基本的に、業績に連動して株価が変動することになります。

ということは、自分が頑張れば頑張るほど会社の業績が伸びて、自社株の株価が上がっていくのです。

後ほど詳しくお伝えしますが、私が専務時代に低迷していた業績は、社長に就任後、V字回復していきました。それに伴い、株価も上がっていったのです。とても自分の報酬で買い取れる額ではなくなってしまいました。

そこで、自社株を買い取るために自分の報酬を引き上げて、その上げた分を資金にして自社株を買い取るというスキームを使いました。

ところが、買取価格がどんどん上がっていくと、自分の報酬をいくら上げても追いつかなくなってしまいます。しかも、自社株の購入資金である報酬を上げることで、多額の税金が課される状態になるのです。

周囲からは「うちの社長は給料をいっぱいもらっている」と勘繰られていたかもしれませんが、給料を増やした分はあくまでも自社株を買い取る資金。そこから税金を払っていたので結構大変でした。通帳を見た妻からは「何で社長になったのに、お給料が下がったの?」と言われる始末。

経営者として業績を伸ばせば伸ばすほど、自分の首を絞めるというジレンマに陥るのです。

株を買い取らざるを得ないのは、従業員承継もM&Aも同じことです。

ただ、期日が決まっているM&Aとは違って、従業員承継の場合、時間をかけてコツコツ買い取ることはできます。

自社株を毎年評価するのですが、株価がどんどん上昇するという、嬉しいような悩ましいような状態が続いていました。そのため、当社では様々な自社株対策を行ってきました。新社屋の設立もその一環です。

従業員承継をスムーズに行うために

私は2010(平成22)年から沼津商工会議所青年部(沼津YEG)に所属して、2014年(平成26)年からは、日本YEGに出向しています。

YEGで経営について学び、企業や地域を取り巻く課題解決のための活動をする中で、私自身の経験も踏まえて、従業員承継の制度の整備の重要性を強く感じています。

例えば、従業員承継のガイドラインの整備。

一般的な事業承継のガイドラインは中小企業庁が公表していますが、従業員承継に焦点を当てたものはありません。近年増えている親族外の事業承継のガイドラインがあれば、従業員承継が後押しされて、後継者難による廃業が減るのではないでしょうか。

また、自社株の買い取り資金問題。

親族内承継の場合、贈与税や相続税を猶予・免除する特例が制度化されています。しかし、従業員による買い取りには、特例がありません。しかし、現実問題、後継者が一介の会社員なら、自社株を買い取るための潤沢な資金があるケースはごく稀です。自分の給与を増額して、自社株を買い取るしかないのです。その時の所得税の負担は大きなものです。

後継者が自社株を買い取るために会社から受け取った金銭については、給与とは別扱いにして非課税にする措置を講じてほしいと、自分が自社株の買い取りを進めている中でも、切実に思います。

廃業危機にある中小企業の事業承継を促進するためにも、法律や制度など環境面も整備が進むよう、これからも国への提言活動を続けていきたいと考えています。

従業員承継成功のヒント　社員インタビュー③

2代目として、過去の実績を糧にチャレンジ

常務取締役　菊地　晃　1991（平成3）年入社

会社の将来のために、若い世代にバトンタッチ

先代の岩崎から吉川を後継者に指名することは、経営計画発表会で社員の皆に公表する前には聞いていたと記憶しています。先代の経営者としての着眼である人選は自然と当然の結果であると認識しておりました。若い世代の台頭は競争力・活動力の変化にあります。私が感じる吉川は「運を運ぶ力」が強くあると思います。それは活動的で勉強家（若い時は旧社屋の図書庫で本を探し、東京出張の際は大手書店で専門書を探していた姿を目撃）でありながら、周りをなごませるユーモア（ジャンプ、マガジンを愛読）もあり、新しいことに取り組む姿勢は周りを引き込む力を強く感じました。

吉川は実家が自営業なので、事業家のＤＮＡがあるのでしょうか。適任ではないかと思いました。相続部門の責任者として、若いながら相続部門を成長させたことも、先代の岩﨑が後継者に指名した大きなポイントだったと思います。専務時代は人間関係に悩んでいたようですが、性格的に優しいので、周りに気を使いすぎていたのではないでしょうか。社長になって、「こうやりたいんだ」と自分の意思を主張するようになったら、様々な問題が解決していきました。

会社の成長が社員の誇り

吉川は社長就任後、新たにクレドやロゴマークを作るなど、会社のブランディングを進めています。

〝岩﨑イズム〟の基本は変えていません。それにプラスして最先端のものを取り入れてくというのは、事業拡大には不可欠です。過去の栄光にしがみついていると、新しいことができず、会社も成長しません。

先代の岩﨑が作ってきた〝岩﨑イズム〟が根底にはありながら、〝吉川イズム〟に変わっていけばいいかと思います。過去の実績を糧にしてチャレンジしているのが、〝吉川イズム〟の一番の魅力じゃないでしょうか。

会社の継続発展は、働いている人間の希望です。私が入社した頃に比べて、当社の事業は格段に拡大しました。働く側としても、大きくなっていく会社の方が誇りになるでしょう。

そして、私は社員1人ひとりに幸せになってもらいたいと思っています。

仕事が右手だとしたら、家庭は左手。右手と左手、両方がうまく回るようになってもらいたい。仕事ばかりの人間になってはいけません。家庭を含めてプライベートでも幸せになってほしい。当社で働きしながら、人として幸せになってもらいたいというのが私の願いです。

吉川が社長に就任してからは、離職率が大きく低下しました。長年にわたる仲間の多くが残ってくれているというのは、大きな支えになっていると思います。

多くの社員が残っているのは、吉川の経営的手腕や考え方に共感しているからではないでしょうか。今は、吉川社長はYEGの活動で外出していることが多いです。しかし、WEB会議ツールを使えばどこにいても簡単にミーティングができ、意思疎通できます。

社内にいる私が心がけているのは、事故が起こらないようにすることだけです。

第4章

事業承継で変えないこと・変えたこと

2018（平成30）年に竣工した新社屋の外観。

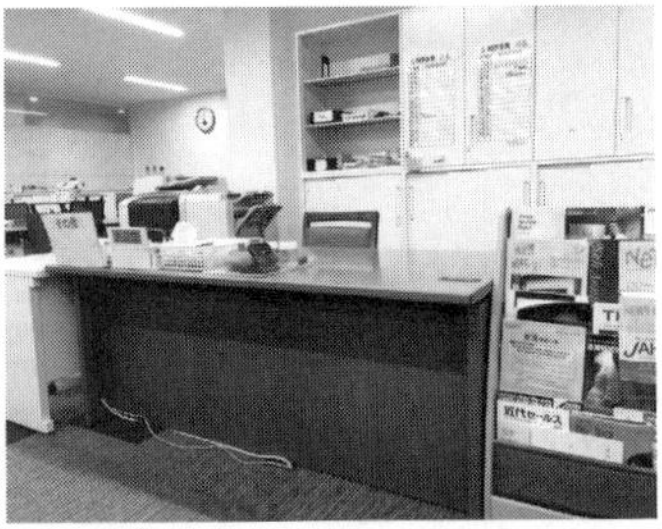

上：フリーアドレスを導入したワークスペース。下：新社屋の先代のデスクと椅子は、旧社屋からそのまま引き継いだ。

創業者と同じになろうとしない、否定しない

私がこれまで事業承継の事例を見てきた中で、承継がスムーズに進まない原因は、大きく分けて次の2つのパターンがあると考えています。

まずは1つ目、「先代と同じになろうとする」パターンです。

先代から信頼されて後継指名を受けたからといって、必ずしも後継者が他の従業員から信頼されるわけではありません。

創業者は多かれ少なかれカリスマ性があります。ゼロから会社を立ち上げて成長させた、人並外れた魅力やバイタリティがあります。

すでにあるものを引き継いだ後継者が、たとえ先代の想いや考えを受け継いだとしても、創業者と同じにはなれません。創業者と後継者は違う人間で、持っている能力も考え方も違って当然です。先代にはなくて、後継者にしかないものもあるはずです。

2つ目は、「先代を否定して新しいものを生み出そうとする」パターンです。

例えば、従業員が「先代の経営手法は前近代的。後継者には働き方改革を進めてほしい」と願っているケースがあるとします。すると後継者は「先代のやり方は間違っていたから、自分が変える」と意気込むわけです。確かに、先代の方針が正しいとは限りませんが、余程のことがない限り、先代を否定すべきではないと私は思います。

つい、正しいか、正しくないかという価値基準で物事を判断してしまいがちですが、何が正しいかは、立場や時代によって異なります。働き方改革が好例です。当社もかつて休日出勤や夜遅くまでの残業が当たり前でした。昔は猛烈に働くことに価値があるとされていたのです。

昔が間違っていて、今が正しいわけではありません。世の中の価値基準が変わったのです。だから、先代と2代目のどちらが正しいかという視点は捨てるべきだと思います。

先代の想いを受け継ぐのも大事。新しいことに挑戦するのも大事。後継者には、この両方のバランスが問われます。つまり、変えてはいけないものと、変えるべきもの、

「不易と流行」を意識すべきなのです。

経営理念は変えず、表現は変える

それでは、後継者が変えてはいけないものとは何でしょうか？

私は、経営理念や経営方針といった、会社の屋台骨となる部分は絶対に変えてはいけないと考えています。

会社の経営理念や方針は、その会社をその会社たらしめる、いわばアイデンティティです。もし、創業時から守ってきた価値を否定されたら、先代や先代を慕ってきた従業員たちは、どう感じるでしょうか？　後継者についていこうと思うでしょうか？

私自身は、先代が言い続けてきたことは、同じことを極力言うようにしています。先代の考えを知り、先代が価値を置いてきた想いを次の世代に伝えるようにしています。

そのために実際に行ったのが、先代が掲げた経営理念の表現方法を変えることです。87ページの図のように、経営理念自体は先代の時から一切変えていませんが、創業から積み重ねてきた当社の価値を洗い出し、全社員により正確に、分かりやすく浸透するよう、表現を追加しました。

まず、【社員第一】【顧客満足】【地域貢献】という【　】の中の四字熟語は私が加えました。それまでは文章のみだったのです。

イワサキ経営の3つの理念を漢字四文字で表現して、簡潔に分かりやすくするためです。

さらに経営理念の解説も加えました。これは、3つの理念について詳しくかみ砕いて説明するものです。

先代から受け継いだ経営理念や経営方針は変えずに、事業をさらに発展させていこうという決意を表しています。

代替わりを機会にブランディングを強化

また、私は経営理念を軸に、ロゴマークやキャッチコピー、クレドを新たに作りま

図表5　代替わりで表現を変えた経営理念

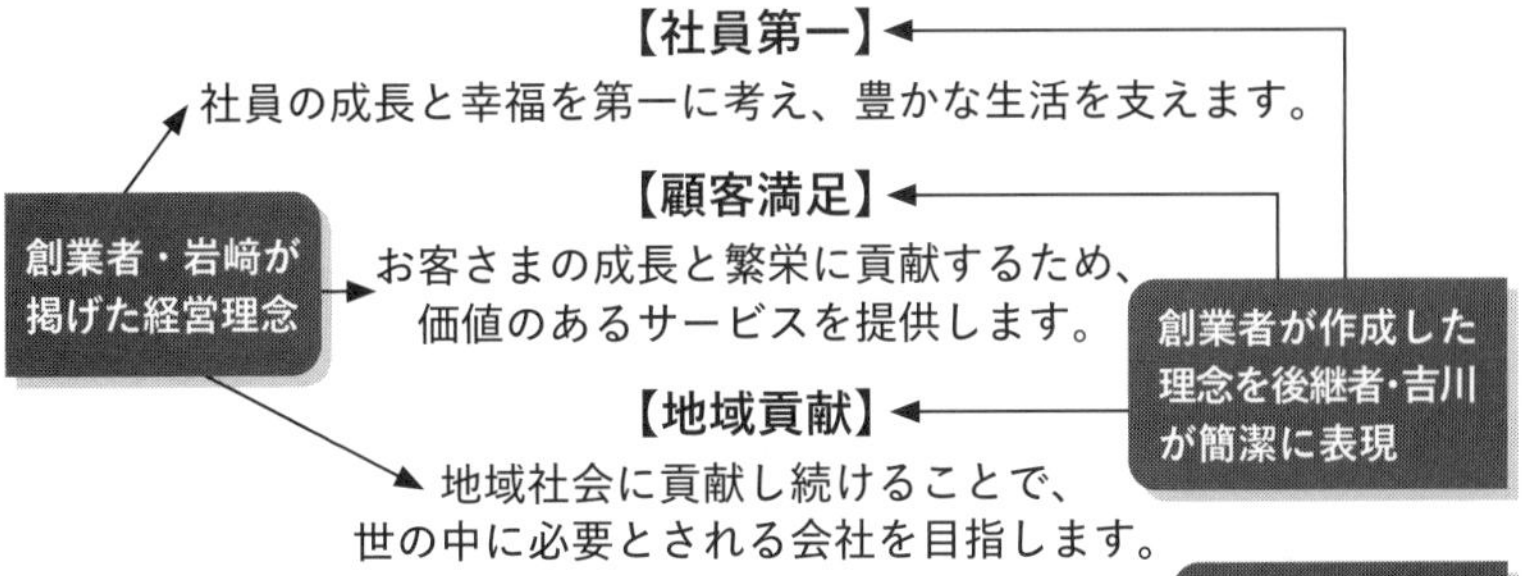
【社員第一】
社員の成長と幸福を第一に考え、豊かな生活を支えます。
【顧客満足】
お客さまの成長と繁栄に貢献するため、
価値のあるサービスを提供します。
【地域貢献】
地域社会に貢献し続けることで、
世の中に必要とされる会社を目指します。
創業者・岩崎が
掲げた経営理念
創業者が作成した
理念を後継者・吉川
が簡潔に表現

後継者・吉川が作成した経営理念の解説

〈経営理念の解説〉　企業（当社）は、地域社会の中でお客様と社員と共に成り立っております。したがって、地域の皆様やお客様、そして社員が豊かで幸せになっていくことが、企業の成長であり存在意義であると考えます。

経営理念には、この3本の柱を掲げ、その中でもまずは社員の成長と幸福を優先することで、社員が自発的に最高のサービスをお客様に提供することができると考えます。

また、様々な地域貢献活動が、社員の誇らしさや、地域社会の一員としての自覚に繋がり、お客様満足、企業の成長と、好循環を生み出すものと考えます。

【社員第一】　社員の成長と幸福を第一に考え、豊かな生活を支えます。

我々の仕事は、物や商品を売るのではなく、知識や情報、知恵を売る仕事です。まさに社員そのものが商品です。したがって、その社員という商品に磨きをかけるために、まずは社員の物心両面の幸せを追求していこうという考えです。

これは、給与や福利厚生などの処遇面だけでなく、心の幸せも追求していきたいという思いが込められています。

心の幸せのためには、社員同士がお互いの心を高め合い尊重し合うことが必要です。そして、一番の幸せは、社員が自ら掲げた目標を達成し、成長することです。私たちは、常に新しい事にチャレンジし、熱い気持ちで行動し、社員個々が成長発展する。その成果をお客様に提供できれば、最終的にはお客様の発展に繋がり、自社の発展にも繋がっていきます。

した。イワサキ経営とはどのような会社なのか、社内外に分かりやすくメッセージを伝えるためです。

先代が、個人事業主の延長で経営していた時は、ロゴマークやキャッチコピーがなくても、岩崎という存在自体が会社の姿勢を体現していました。クレドを明文化しなくても、岩崎自身の言葉がクレドのようなものだったのです。

しかし、2代目の私は違います。創業者の理念をいかに受け継ぎ、浸透させていくか。見せ方や文言といった表現の仕方を工夫しなければ、社員に伝わりません。代替わりを機に、新たにブランディングに力を入れたのです。

クレド作りは専門業者に頼みましたが、その制作プロセスでワークショップを開きました。社員をランダムで抽出して「うちはどういう会社なのか？」「どうあるべきか？」といったことをディスカッションしてもらったのです。

その中で、チームワークを求めている社員が多いことが浮き彫りになりました。

なぜ、チームワークを望む社員が多かったのでしょうか？　昔は、新人をお客さま先に同行させて、「見て覚えろ！」というような気風が強かったのですが、今の時代

図表6　イワサキ経営のクレド（行動指針）

「チーム・イワサキ！」は、「経営と、人生と、地域の力になる。」という私たちの約束を実現するために生まれた行動指針です。私たちは、プロとしてのスキルと、人としての想いを共有し、同じ目標に向かって前進を続けるひとつのチーム。スタッフ、部署、グループの枠を超えたチームワークで、地域のみなさまの「経営」と「人生」を、力強くサポートしていきます。

01　思いやる「チーム」

私たちは、礼節のあるコミュニケーションを大切にします。一人ひとりがお互いに思いやることこそ、チームワークの基本。明るい挨拶と正しい言葉遣い、清潔感のある服装、相手に対する感謝の姿勢…**小さな心遣いから、人にやさしい「チーム」を築こう！**

02　分かち合う「チーム」

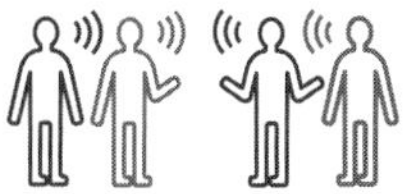

私たちは、同じ部署で働く仲間との情報共有を大切にします。知恵を出し合い、分かち合うことが、問題解決の近道。周囲の状況を把握する視点、自分の状況を周囲に伝えるコミュニケーション…**スムーズに情報が行き渡る「チーム」を作ろう！**

03　高め合う「チーム」

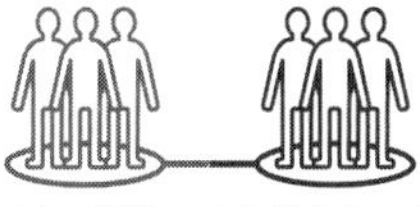

私たちは、部署の枠を超えたつながりを大切にします。各部署が連携し、高め合うことが、組織力強化のカギ。それぞれの得意分野の理解、それらをつなげていく新しい発想…**グループ一丸となって、価値ある「チーム」をつくり上げよう！**

04　伴走する「チーム」

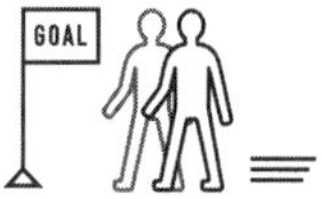

私たちは、お客さまと寄り添う姿勢を大切にします。ゴールを共有し、伴走することが、信頼を深める秘訣。日頃からの気配り、顧客利益を最優先する決断力…**常にお客さまの立場で考える「チーム」であり続けよう！**

05　はぐくむ「チーム」

私たちは、地域のあらゆる人や企業を大切にします。つながりをひろげ、新たなご縁をはぐくむことが、地域貢献の要点。イベントやセミナーを通じた交流、さらに関係を発展させるお付き合い…**静岡で暮らすみなさまに愛される「チーム」を目指そう！**

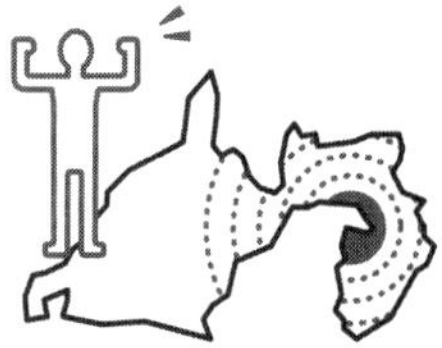

には必ずしもマッチしません。過去には、そういうやり方に不安を感じて会社を辞めた若手社員もいます。ディスカッションの結果、もっとチームで連携して、それぞれの能力を活かして、お客さまに価値を提供していくという方向性が導き出されたのです。

会計事務所はどうしても個人プレイヤーの集まりみたいな組織になりがち。そこをあえてチームでやっていこうという方針をひと言で表現したのが、

「チーム・イワサキ！」

というフレーズです。これは先代の時代にはなかった言葉です。

〝個人事務所〟から〝企業〟への脱皮

創業者が率いている企業はどこも同じかもしれませんが、社内に対する創業者の影響力は絶大です。創業者の発言が、そのまま経営方針となることが一般的です。

当社のスタートは、48年前の1973（昭和48）年に、岩﨑ら4人で始めた小さな税理士事務所でした。

図表7　イワサキ経営グループ　ロゴマーク

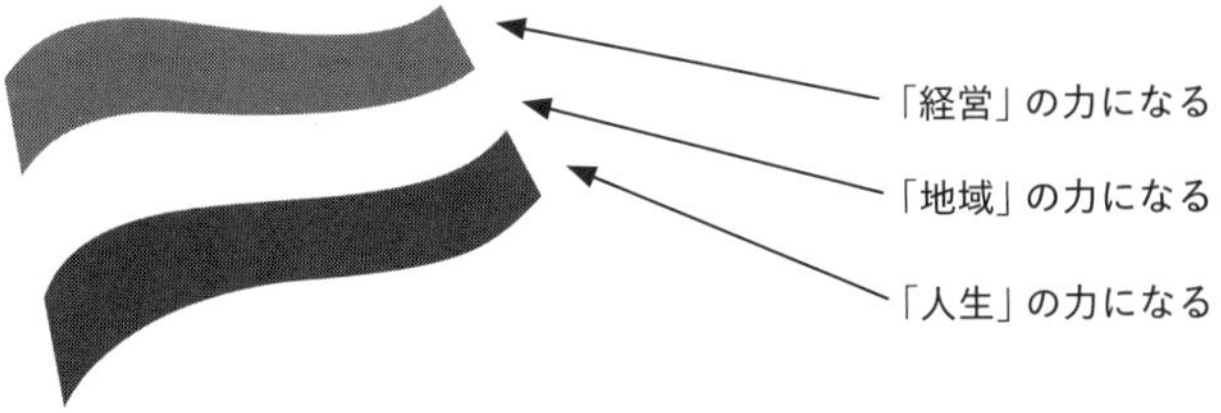
「経営」の力になる
「地域」の力になる
「人生」の力になる

“経営”も“人生”も、“地域”全体もお客さまと共に創造し、未来へ導くフラッグ

当社とお客さまの強いパートナーシップの中で生まれた、目指すべき指針をフラッグに込め、象徴的に表現したロゴマークです。フラッグの2本のラインは、“経営”と“人生”を象徴し、双方を追求し支える真摯な姿勢を示しています。さらに、その真ん中に生まれたラインは、地域を象徴しており、個人、法人、地域へのサポートと貢献を宣言しています。力強さを感じさせつつも、風にはためくフォルムは、当社の柔軟な姿勢を示し、お客様に期待感と信頼感を寄せていただきます。カラーリングは、従来のイワサキ経営の水色を継承しつつ、より深化させブルーを用いて、より強固な組織体を目指していきます。

よく、企業の寿命は30年といわれますが、当社はこの30年の壁を超えて、地域に必要とされる会計事務所として発展してきました。

私が入社した頃には社員は30人近くおり、すでに地元では大きな会計事務所でした。私が承継した時は50人くらいになっていました。

ところが、組織は拡大してきましたが、まだ個人事務所の延長のようなところが残っていました。

当社では、先代が「こうする」と言えば、その方向に全員が動いていました。岩﨑が代表だった時は、明文化されたものがなくても、岩﨑の発言そのものがルールのようなものでした。

しかし、後を継いだ私は、創業者でもなければ、創業家出身でもありません。私が何か発言しても、それに全員が従うような影響力はありません。理念や方針、行動規範を明文化しなければ、組織がまとまりません。

会社を継いだ私は、イワサキ経営を個人事務所から企業へと脱皮させる必要がありました。

そのために、理念の表現を分かりやすくしたり、クレドを制定したりしたわけです。

私の代になってから、トップのカリスマ性のもとで属人的に仕事をするのではなく、組織化や仕組み化を進めてチームとして成果を出していくようにしていったのです。

新社屋の建設で成長が加速

「そろそろ新しい社屋を建てたい」

私が幹部会議でそう切り出したのは2015（平成27）年頃のことでした。

それを聞いた幹部たちは「この人はいったい、何を言っているの？」と、度肝を抜かれたような表情をしていました。

皆が反対しましたが、旧社屋に不都合があるのは明らかでした。

お客さまとの打ち合わせスペースも、オフィススペースも足りていませんでした。

旧社屋は、先代が「50人入る事務所を作りたい」という構想で建てたらしいのですが、すでに社員は50人を超えました。そのため、社員が入りきらず、2階にあったセミナールームをつぶしてオフィスにしていました。新しく社員が入る時、最初に皆の頭に浮かぶのは「どこの席に座るの？」。「これ以上、人を入れたって座る場所がないじゃん」という発想になってしまっていました。これでは、会社を大きくしようという気持ちが生まれにくいと感じたのです。

会社を成長させていく雰囲気を醸成するには、ハコを大きくするしかない。それで、新しい社屋を建てたいという気持ちが強くなっていったのです。

社内の全体研修で「もし、新しい社屋を建てるならどのようなものがいいか？」というテーマでグループワークを行ったことがあります。

その時、「ジムがある」「中庭があって川が流れている」など、いろんな夢が飛び出しました。皆がとても楽しそうに話していたのです。私は、その時の模造紙をずっと取っておいてありました。

幹部会議で反対されて一旦は案を引き下げましたが、私の中で新しい社屋を建てたいという情熱は消えませんでした。私は物件を探したり、外部の知人に話したりして、2年間くらい情報を収集したのです。

そして2017（平成29）年、今の場所に建てることを決めて、先代にプレゼンし、OKをもらえました。

ちょうどその頃は、会社の借り入れの個人保証が全て私に変わった時期。先代は「大丈夫か？」と心配はしていましたが、反対はしませんでした。

2014（平成26）年以降、当社の業績は赤字からV字回復し、会社の規模は拡大の一途をたどっています。

私は、その大きな要因のひとつが、この新社屋の建設と考えています。企業は、決められたハコ以上には大きくなりません。

成長著しい企業が、社員の増加を見越して広めのオフィスを借りるのはよくあること。ハコを大きくすると、そこに入る中身が大きくなり、成長が加速するのです。

上限を取り払うと会社は大きくなる。このことを新社屋の建設で実感しました。

完全フリーアドレスを採用

ホリエモンこと堀江貴文氏が講演で「日本の自動車は今、この瞬間、走っているのは1割くらい。9割はどこかに止まっている。これはムダなことなので、クルマをお互いにシェアできるような時代が来ればいい」と話していました。

私は、オフィスも同じだと思います。

座っている人がいないのに、その席を使えない。稼働率が半分くらいで、半分の席が空いている。こうした状態がもったいないと感じていました。

そこで、新社屋建設を機に、完全フリーアドレスを導入しました。社員には固定された自分の座席がなく、外出時は、次に誰でも座れるような状態にしなければなりません。固定電話もなくしたので、コード類もありません。

その代わり、ロッカーが全員に割り当てられています。荷物はそこにしまいます。LANケーブルも1人1本支給しています。

私がフリーアドレスを提案した時、役職者からは「こういう時はどうする？」という不安の声が多くありました。しかし、実際に始めてみたら、大きな問題はありませんでした。

ちなみに、フリーアドレスを導入した新社屋には、役員の席も、社長である私の席もありません。社長室すらありませんが、先代の席だけは、旧社屋のまま変えていません。

新社屋に変わった今でも先代は毎日出勤しているので、環境が急激に変わって嫌な思いをしないように、なじみのあるデスクや椅子はそのまま旧社屋から引き継いだのです。

「挨拶」「掃除」「朝礼」の文化は変えずに守る

「挨拶」「掃除」「朝礼」。

当社には、創業者の岩﨑が社長だった時代から、この3つを徹底的にやるという文化が根づいています。私が後継者として社長になった現在でも、この3つの習慣は守り続けています。

「挨拶」も「掃除」も「朝礼」も、ひとつひとつは小さな行動習慣ですが、組織風土を醸成するうえで疎かにはできません。

私は専務時代、先代には本当に自由にやらせてもらってはいましたが、この3つができていないと、怒られることがありました。

まずは挨拶。

先代は、社員が「おはようございます」と挨拶してきたら、必ず立って挨拶を返していました。普通なら、社長は座ったままだと思います。しかし先代は違いました。すれ違いざまに挨拶しても、先代は立ち止まって挨拶を返します。そういうところはすごくきっちりしていました。

社員が挨拶をちゃんとできてない時には、「全然、声が出てないじゃないか」「挨拶が徹底されてないじゃないか」と、私が怒られました。

先代は掃除もこだわっていました。

先代は歩いていてごみが落ちているのを見つけると、手で拾います。人にやれとは言いませんが、自分ではやっていました。

掃除を手抜きしている人がいたり、ムダ話をしている人がいたりすると、先代に呼ばれて「ムダ話をしている社員がいる」「9時前なのにもう掃除を終えている人がいる、時間いっぱいまでやらないと」と言われました。

岩崎は社員本人には怒りません。全て私に言ってきました。


そして朝礼。最初に朝の挨拶をして、連絡事項があり、指名された人が本を皆の前で読んで感想を言い、経営理念を唱和して、最後に社長が話すというのが基本的な流れです。

今は、社員が全て考えてプログラムを組んでいます。経営者が一方的に決めた軍隊式の朝礼をやると、経営者の自己満足になりかねません。社員と経営者の温度差が開かないように、大枠は変えずに、当番の順番やシナリオなどの細かい部分は社員に決めてもらっています。

先代から唯一、手取り足取り教わったトイレ掃除

先代はずっと会社のトイレ掃除を自分でやっていました。

毎朝5時半に出社して、トイレを30分から1時間かけて掃除してから、新聞を読み、業務をスタートするというのが先代のルーティンでした。これを1年365日、20年間、1日も欠かさず続けていました。

私が社長になったときに、唯一、先代から引き継いだのがこのトイレ掃除です。細かい手順を付ききっきりで、手取り足取り教わりました。

冬は寒くて、朝早く会社に行ってトイレ掃除をするのが嫌なこともありました。それでもトイレ掃除をこなしていて感じたのは、毎日のルーティンをこなすと、自分自身のその日の心の調子が何となく分かるということ。人間は調子が良い時と悪い時が必ずあると思いますが、行動を変えてしまうから違いに気づかないことがあるのです。

毎日、同じことをやっていると、「あれ、今日、ちょっと手を抜いているな」「今日、

いつもと違うな」と、分かるのです。「今日、このままじゃいけないな」と気づくことがあります。これは、私の中での発見でした。調子が悪ければ、朝イチで修正できるわけです。

最初の頃は素手で掃除していると汚いと感じていましたが、だんだん汚いという気持ちがなくなっていきました。

2018（平成30）年に新社屋が竣工してからは、トイレ掃除は社員の当番制に切り替えました。

理由は2つあります。

1つ目は、私の出張が多くなったこと。私は2014（平成26）年から日本YEGに出向しています。このため全国を飛び回る生活が続いています。そうなると、掃除する人がいないので、トイレが汚くなるのです。だから、掃除をする人を決めた方がいいと考えました。

2つ目は、社員数の増加に伴って、なぜトイレがきれいかを理解していない社員が増えたこと。平気でトイレを汚す人が増えました。だから、社員自身にトイレ掃除の重要性を体感してもらいたいと考えました。

ただ、私も自分で気づいた時は掃除するようにしています。

私がトイレ掃除をしたのはたかだか5年です。先代の20年の深みには敵いませんが、多くを学ぶことができました。

毎月1日は仕事なしで研修&大掃除

当社には、出社しても仕事をしない日が月に一度あります。

それは月初、つまり毎月1日。この日は1日かけて全体会議と研修、大掃除をするからです。

午前中に行う全体研修は、人間力向上やコミュニケーションスキル向上といった全社員向けの内容。最近は新しいITツールを次々と導入しているので、その説明会で2時間取られることもあります。

午後は大掃除です。当社にはセミナーやイベントでも使う会社オリジナルのポロシャツがあります。全員それを着て出社し、午後の大掃除まで行います。

新入社員の多くは1日入社。そうすると、入社初日がいきなり大掃除。しかも社員はスーツではなくてラフな感じのポロシャツとジャージ姿。

新人は皆、戸惑います。心配なので、一応、スーツを持ってくるみたいです。

職場の雰囲気が変わる「誕生日メッセージカード」

私は、社員の誕生日にメッセージカードを贈っています。

これは、私が経営者としての成長のために受講している人材教育コンサルティング会社、アチーブメント株式会社の青木仁志社長がやっているという話を聞いて、真似してみようというところからのスタートでした。今ではもう止められなくなっています。

社員のことをよく見ていないと、1人ひとりにメッセージは書けません。

誕生日のメッセージですから、良いことを書きます。そのために、その人の良いところを見つけようとします。

私は、誕生日メッセージカードをパートさんにも贈っています。最近は組織が大きくなってきて、私もさすがに細かい仕事ぶりまで分からない人もいます。その時はその人の上司に「〇〇さんってどんな感じ？」と聞いて、情報収集します。

職場で「あの人、どんな感じ？」と他の社員のことを聞くと、一般的には粗探しする人もいるかもしれません。しかし、当社では、私が社員の様子を質問すると、皆、誕生日メッセージカードのことだと察知して、その人の良いことばかり答えてきます。この空気感が私は好きです。上司は日頃から部下の良いところを観察し、褒める。こうした風土が醸成されてきました。

誕生日メッセージカードは、一見、単純なことのように感じられるでしょう。しかし、やればやるほど職場の雰囲気が変わっていくくらい、奥が深いのです。

私は誕生日メッセージカードを5年ほど続けていて、全員分の過去のメッセージの控えを全て取ってあります。1人ひとりに「あなたに向けて書いているよ」ということが伝わるように、カードを書く時は前年のカードを見返して、何を書いたかを確認し、関連したことをメッセージにします。

私は毎年約100人に書きますが、もらう側からすると1年にたった一度のこと。

カードを取っておいてくれている人が多く、「去年はあんなことを書かれていたけど、今年は何を書かれるかな？」と期待してくれる人もいます。

さすがに何年ももらうと慣れてしまって何も言ってきませんが、入社1年目の新人は感激するようです。


他の経営者から「どうしたら風土が変わるの？」と聞かれた時、私は「社員全員に誕生日メッセージカードを書くといいよ」とおすすめしています。実際に誕生日メッセージカードを始めた経営者を何人も知っています。続けている経営者もいれば、途中で止めてしまった経営者もいます。

止めた人が言うのは「やっても変わらなかった」「感謝されない」。

誕生日メッセージカードの見返りを求めてしまうと、長続きしません。

見返りを求めずに、やり続けるのがコツです。そうすれば、少しずつ社内の雰囲気が変わっていきます。

先代が育てた幹に、後継者と社員で枝葉を広げる

先代は、社員が提案したことは何でもOKしてくれるような人でした。だから、自己主張できる社員は比較的自由にやっていました。私も自由にやらせてもらっていました。ただ、自分から主張しない人にとっては、必ずしも自由にやれていたわけではないかもしれません。

私は、アチーブメント株式会社の経営実践塾に参加した時、青木社長から「水槽理論」を聞きました。

水槽理論とは、水槽内の水質を「職場環境」、魚を「社員」にそれぞれ例えたもので、魚が元気に泳ぎ回るには水質が大事なのと同じように、社員のパフォーマンスを引き出すには環境を良くする必要があるという考えです。

この水槽理論を知って以来、物事のひとつひとつに対処するより、水質そのものを良くすることを大事にしています。

社員に問題があると、経営者や役員は原因をその社員に求めがちです。しかし、社

員個人の言動ではなくて、社員にそうした言動をさせてしまった組織風土に問題があるという考え方を持てるようになりました。

いかに主体性を引き出すか。

私は、このことを考えるようになりました。

その取り組みの成果としては、たとえば、当社の「委員会制度」があります。委員会はもともと4つか5つしかありませんでした。

社員からの「こういう委員会を新たに立ち上げたい」という発案によって、自発的に増え、さらに充実したのです。

評価制度を改善していく「評価制度改善委員会」、確定申告の作業時間を短縮するための「確定申告委員会」、日頃の業務を改善していく「業務改善委員会」の他、「朝礼委員会」「研修委員会」「福利厚生委員会」「広報委員会」など。最近、「美化委員会」というのが立ち上がりました。2021（令和3）年4月の時点では8つあります。

委員会に参加したからといって、何か手当が付くわけではありません。

それでも、部署をまたいだ委員会に所属して、いろんな部署の人たちと交流しながら活動するのが楽しいそうです。

社員たちの主体性を引き出すことによって、社員たちが自分たちで水質そのものを良くしてくれるようになったのです。

先代が大切にしてきた理念という幹は変えずに、後継者と社員がのびのびと枝葉を広げていく。当社にはこうした良い流れができたと思います。

従業員承継成功のヒント　社員インタビュー④

先代の正しい人選、期待に応える2代目

総務部人事課　関　里美　1993（平成5）年入社

成長を見越した後継指名

私はかつて岩崎の秘書的な仕事をしていたので、岩崎を間近に見てきました。岩崎が吉川を後継者に選んだ時、私は「そうだろうな」と納得しました。人物として適任だと思いました。突然の発表には驚きましたが、驚くような人を選んだわけではありません。人は成長します。当時の吉川が何年後かに代表になるといわれてもイメージできなかったり、不安に感じる人がいたかもしれません。しかし、岩崎は吉川が成長することも見越して指名したのだと思います。

先代の岩崎は、ついていこうと思わせる人です。仕事に対してはものすごく厳しい。け

食べる投資　ハーバードが教える世界最高の食事術

満尾 正／著

最新の栄養学に基づく食事で、ストレスに負けない精神力、冴えわたる思考力、不調、痛み、病気と無縁の健康な体という最高のリターンを得る方法。ハーバードで栄養学を研究し、日本初のアンチエイジング専門クリニックを開設した医師が送る食事術。

◆対象：日々の生活や仕事のパフォーマンスを上げたい人

ISBN978-4-86643-062-1　四六判・並製本・200 頁　本体 1,350 円＋税

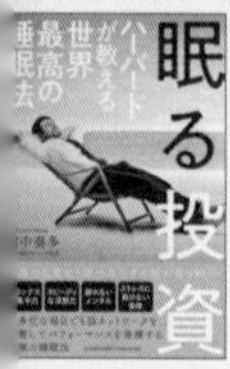

眠る投資　ハーバードが教える世界最高の睡眠法

田中奏多／著

昼の生産性は夜の過ごし方で決まる！　一流のビジネスパーソンは“動くための休み方”を熟知している。超多忙な毎日でも睡眠に投資することで脳ネットワークを調整し、パフォーマンスを発揮。心と脳と身体を整え、究極の眠りを手に入れる方法。

◆対象：仕事でよりよいパフォーマンスを発揮したい人

ISBN978-4-86643-081-2　四六判・並製本・196 頁　本体 1,350 円＋税

薬に頼らずアトピーを治す方法

宇井千穂／著

40 万部ベストセラーシリーズ最新刊！　人気女優も足しげく通うアトピー性皮膚炎の名医が教える治療法を漫画入りでわかりやすく解説！　ステロイド・抗アレルギー薬に頼らない体質改善法を紹介。

◆対象：アトピーに悩んでいる人

ISBN978-4-86643-091-1　B6 変形判・並製本・188 頁　本体 1,300 円＋税

きみと息をするたびに

ニコラス・スパークス／著
雨沢 泰／訳

著者累計 1 億 500 万部！「ニューヨーク・タイムズ」でもナンバーワンとなった話題の一冊、ついに日本上陸！　大人の男女が出会い、数十年の月日と大陸を超えた愛を伝える、一大恋愛叙事詩。

◆対象：ラブロマンスが好きな人

ISBN978-4-86643-078-2　四六判・並製本・352 頁　本体 1,500 円＋税

天気が良ければ訪ねて行きます

イ・ドウ／著
清水博之／訳

韓国で 20 万部突破！　パク・ミニョン × ソ・ガンジュン豪華共演のドラマ原作本、ついに邦訳刊行！　心温まるヒーリングロマンス。傷つくことを恐れる人、傷つくことに疲れた人。それぞれが再び人生を歩み始めるまでの、心温まる愛の物語。

◆対象：韓国ドラマが好きな人、ラブロマンスが好きな人

ISBN978-4-86643-087-4　四六判・並製本・424 頁　本体 1,500 円＋税

グラッサー博士の選択理論　**全米ベストセラー！**

〜幸せな人間関係を築くために〜

ウイリアム・グラッサー／著
柿谷正期／訳

「すべての感情と行動は自らが選び取っている！」
人間関係のメカニズムを解明し、上質な人生を築くためのナビゲーター。

◆対象：良質な人間関係を構築し、人生を前向きに生きていきたい人

ISBN978-4-902222-03-6　四六判・上製本・578 頁　本体 3,800 円＋税

れども、一生懸命に誠意を持って仕事して失敗してしまったことに関しては、「しょうがない」の一言で終わりにするような人でした。

吉川は吉川で、人に対してものすごく優しい。思いやりがあり、欠点よりも長所を見てくれる人です。岩﨑は吉川のそういう良さを見て、後継者に決めたのだと思います。

吉川は岩﨑にあまり相談しません。岩﨑も口を出しません。お互いに何も言わないのです。岩﨑が見守ってくれているから、吉川が自分で考えてやっているのですが、どこかで「会長はどう思っているのかな？」と想像しているのかもしれません。

「会長と総務部長（会長の奥さん）はどう思っているでしょうかね？」

吉川からは、そう聞かれることがたまにありました。私は「そんなの本人に聞いてよ！」と放り投げたものです。

奥さんは「吉川社長は本当によく頑張ってくれている」と私に言っていました。

私は一度だけ、岩﨑に吉川について聞いてみたことがあります。すると、岩﨑はこう言いました。

「私は何も言わない方がいい。吉川くんはしっかりやっている」

先代への感謝の気持ちが成長の原動力

当社が事業承継に成功した理由は、シンプルに、岩崎が人選を正しくして、吉川が期待に応えたからだと思います。

吉川は、岩崎と血縁関係のない赤の他人。それなのに、これだけの従業員の生活を守れと言われて、必死だったと思います。岩崎の期待に応えたい。岩崎が起こした会社をさらに大きくしたい。そうすることが恩返しだと思っているのではないでしょうか。

一度、吉川と雑談しているとき、親族以外の人に損得抜きで助けてもらったことがあるか、という話題になりました。

吉川は子どもの頃から野球に打ち込んでいました。少年野球の監督やコーチの多くは、損得なしに子どもたちのことを考えてボランティアで指導しているそうです。赤の他人に恩を受けたら、いつか恩を返せるようになったら返すものだという話になりました。

その時、感謝ということを吉川はよく分かっていると思いました。本当に押しつぶされそうな時期もあったと思いますが、岩崎への感謝の気持ちで踏ん張っていたのだと思います。

第5章

理念をつなぐための採用・組織作り

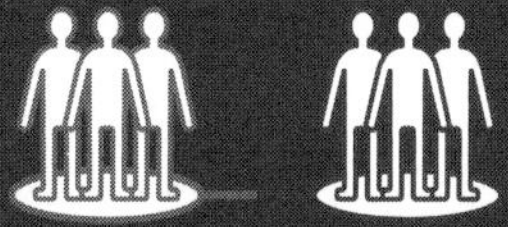

上：イワサキ経営の若手社員。新卒も中途採用の若手も増えた。中左：新卒向けの企業説明会。中右：広報委員会を中心に企画・制作する広報誌。右下：2020（令和2）年のコロナ禍で、オンラインセミナー中の吉川。

創業者の経営理念や方針を、後継者として未来につないでいくためには、それを社員に分かりやすく伝えて理解してもらい、実践・定着まで落とし込むことが必要です。前章では、そのためにブランディングや組織文化において変えたこと。変えなかったことをお伝えしました。

本章では、会社をさらに発展させるために、事業承継のタイミングで行った採用と組織構造の改革についてお伝えしていきます。

新卒入社の定着率が劇的に改善

当社は主に中途採用で人材を確保してきました。

新卒の採用は数年に一度のペースでしたが、私が専務時代の2008（平成20）年から、毎年新卒を採用することにしました。新卒の人材に、理念や社風をゼロから吸収して成長していってほしいと考えたからです。

ところが、それから数年間、採用した新人がことごとく辞めていきました。あまりにも定着率が悪くて頭を抱えたものです。

かつて当社には新人教育のシステムがありませんでした。「見て覚えろ！」というスタイルだったのです。ＯＪＴと言えば聞こえはいいですが、「○○さん、お客さまのところに行くなら、新人を連れて行ってあげてよ」「分かりました」といった具合に、せいぜいお客さま先に同行させるくらいしかやっていませんでした。

しかし、それでは今の時代にそぐわないですし、効率良く仕事を身につけることもできません。そこで、新入社員を一から教える仕組みを作りました。経営理念の社員第一主義のもと、個人プレーからチームプレーを重視し、働きやすい職場作りを進めました。その結果、２０１３（平成25）年入社組以降は、離職率がぐんと低下しました。

採用活動を営業と捉えたら、エントリー急増

あなたの会社の採用活動を担当しているのは、どの部署でしょうか？　総務や人事部だという会社が大半だと思います。当社もかつては総務部が担当していました。

会計事務所の新卒採用には、実は大きな壁があります。それは、新卒採用の活動時期と確定申告の繁忙期が重なってしまい、採用活動に力を注ぎづらいということです。

それでもある時、どこかの会社が採用活動で年間2000万円のコストをかけているという話を耳にしました。アチーブメント株式会社の青木社長も「企業繁栄のカギは新卒採用だ」ということを強調していました。

そうした話を聞いて、私も新卒採用にもっと本腰を入れることにしました。とはいえ、そもそも会計事務所は人気業界ではありません。当社の学生へのアピールが上手くなかった面もあったと思いますが、新卒の離職率が高い以前に、思うようにエントリーが集まらないという課題を抱えていました。

学生に会社の魅力を伝えるのはどうすればいいのか。私は、採用活動は事務的な仕事というよりも、むしろ自社を外に向けてアピールする営業活動の一環だと捉えることにしました。

それなら総務よりも営業部門が担当した方がいい。そう考えて、営業企画室に採用活動を移管しました。

採用活動を営業と捉えると、やることも変わります。営業は、お客さまとコミュニケーションを取り、会ってナンボの世界。採用活動でも、それまでやったことのなかったインターンシップを始めるなど、学生との接点を増やしました。すると、当社を訪問してくれる学生の人数が劇的に増えました。エントリーも増え、それが採用増につながったのです。

急がば回れの採用活動

かつて当社の採用活動は、エントリーをできるだけ多く集めて、その中から当社にマッチした優秀な人材を採ることに主眼を置いていました。

しかし、今はそれだけに固執していません。採用活動は、結果的に地域貢献活動にもつながっているからです。

大学生向けのインターンシップはもちろん、採用活動の延長で小学校・中学校に出向いて講演活動を行ったり、高校生の職場見学を受け入れたりしています。こうしたことが、地元の若者の育成や地域貢献につながっていると考えています。

もちろん会社が欲しい人材を採用できるに越したことはありません。しかし、採用につながらなくても、採用活動がムダだったとは思わないようになりました。

営業系の人たちが担当するようになってから、採用活動と地域貢献がシンクロするように大きく変わっていったのです。

ちなみに、本社がある静岡県沼津市には2021（令和3）年時点で高校が12校もありますが、大学はキャンパスが1つあるだけです。高校を卒業して進学する若者の多くが県外へと流出します。私も高校卒業後に首都圏に進学しました。

若者がそのまま帰ってこないと、地域の過疎化につながります。Uターンしないことは、地元の中小企業の活性化の妨げになっていると私は考えています。

若い人たちが地元に戻ってきて、地元で働ける場を用意するためにはどうしたらいいのか。採用活動を通して、少しでも地域の活性化につながるようなことをやりたいと思っています。

地元愛がある人材を採用したい

私が尊敬している、船井総研の創業者・船井幸雄氏は「素直・プラス発想・勉強好き」の3つが成功の条件だと語っていました。

昔から先代がよく、この言葉を引用していました。当社が求めるのは、まさにこの3つを備えた人材です。これは先代の頃から変わりません。

勉強好きということで言えば、私たちの仕事は、自分が学んで吸収した知識やノウハウをお客さまに提供するもの。勉強が嫌いな人には、当社の仕事には向いていません。

この3つに加えて、当社の仕事は、中小企業の経営者の方と日常的に話をしますから、コミュニケーション能力も欠かせません。会計事務所はデスクワーク中心の事務仕事だと何となくイメージして、応募してくる人がたまにいます。そうではなくて、経営者に寄り添って、伴走する仕事なのです。

私たちは「静岡県を元気にしたい」「地域を元気にしたい」という理念を掲げています。地元愛がある人、地域に貢献したい人に、当社で働いてもらえたら嬉しいと思っています。

未知の領域に挑戦する「営業企画室」の立ち上げ

採用を担当している営業企画室に触れたついでに、この部署についてもう少しご紹介します。営業企画室は、私が社長に就任してから後の２０１４（平成26）年に立ち上げた新しい部署です。

会計事務所は、既存の顧問先といかに長くお付き合いするかに重きを置くことが多いです。当社も、新規事業の立ち上げや顧客開拓については、会社としての戦略的な取り組みを、積極的には行ってきませんでした。

しかし、相続の仕事で新規のお客さま開拓に明け暮れてきた私は、これからの会計事務所は営業力強化が欠かせないと考えていました。

税理士は、人工知能（ＡＩ）に取って代わられる筆頭に挙げられるような職種。記帳代行や申告書作成といった業務は近い将来、ＡＩがこなすようになると予想されています。これからの会計事務所は、税務・会計の専門知識を活かしたコンサルティング業務へと移行するといわれているのです。

会計事務所が現状に満足していては、淘汰されるだけです。

こうした危機感もあって、営業企画室を立ち上げることにしました。

営業企画室は、社長である私の想いをカタチにするチーム。元営業や元システムエンジニア、元キャビンアテンダントら、およそ会計事務所のスタッフらしからぬ多士済々のメンバーが集まっています。

今では、社内企画全般、広報、新入社員研修など、多岐にわたる業務を推進しています。最近は、お客さま向けのＩＴコンサルティング事業も始めました。

未来を語って新しいことをやろうとすると、人は警戒するところがあります。お手並み拝見のような冷めた雰囲気が生まれることもあります。当社でも、営業企画室に対して「あんなの必要なの？」「また人を入れたけど、大丈夫？」といぶかられていました。

ところが２０２０（令和２）年の新型コロナウイルスの流行を機に、営業企画室が機動力を発揮して、リモートワークのためのオンライン設定などをフル稼働でサポートしました。すると、「営業企画室に救われた」という声が聞かれるようになりました。

着実に社内での存在感が高まっています。

最近は、会社側が新たな組織を作るというよりも、社員の「これやりたい」「あれやりたい」という声から組織が広がっていくようになってきました。前章でご紹介した委員会制度もそのひとつです。

組織図が変われば、社風が変わる

「ワンストップ型のサービス提供」

20年くらい前から、当社はこのことを掲げていました。

税務・会計という太い軸があり、それに加えて相続などの様々な課題にもワンストップでお応えします、というのが当社のスタンスです。その頃、私は相続部門にいましたが、そうした周辺サービスも含めて売り出していこうという戦略です。

ところが実際は、ワンストップになっていない面がありました。

会計事務所の社員は、自分が担当するお客さまを「囲ってしまう」面があります。

会社のお客さまというより、自分のお客さまという意識が強いのです。

顧問先によりますが、税務・会計部門の社員が月1回、巡回監査するというのはよくあるケース。その中で、税務・会計の顧問先といえども、中には相続関係の課題を抱えているケースがあったはずです。しかし、税務・会計部門と相続部門が連携せず、せっかくの営業機会を逃してしまっていました。

お客さまの囲い込みを脱却して、同じ部署内でも他部署でも連携して、総合的にサービスを提供していこうというのがワンストップの意味です。


今でこそ、「うちの会社の強みは何？」と問うと、社員の多くが「いろんな部署があって、ワンストップで対応できる」と言います。

そのひとつのカギになるのが、チームプレーだと思います。「チーム・イワサキ！」というキャッチコピーを制定したことを第4章で触れました。

キャッチコピーやクレドを制定し、組織構造を変えていくことによって、明らかに社風は変わってきました。

1人で抱えてしまうのではなく、チームで仕事をしていく。上司がフォローしたり、先輩社員がサポートしていく。こうした助け合いの精神を持ってお客さまにより質の高いサービスを提供しようという意識が高まっていきました。

毎年のように変えている組織構造

「チーム・イワサキ！」として、「顧客満足」のサービスを提供していく決意の表れとして、私が事業承継してから大きく変えたことがあります。それは、組織構造のあり方です。毎年のように試行錯誤を繰り返しています。

会社の組織図は、規模に大小の違いはあっても基本構造はどこも変わらないでしょう。社長を頂点に、部長、課長、係長と末広がりのピラミッド構造になっている企業がほとんどだと思います。

先代が社長だった頃は、日本の会社組織によくある一般的なピラミッド型の組織図でした。創業者で社長の岩崎をトップに、各部があり、その下に課があるといった構図です。

まだ会社が小さくて、カリスマ性のある創業者が率いている時代は、それで良かったのです。

しかし、親族でもない私が後を継いで経営者になると、カリスマ性で組織を引っ張ることはできません。

いかにより良い組織にするか？

「チーム・イワサキ！」を具現化するのはどんな組織か？

私は、組織のあり方に苦心してきました。

私が社長に就任した5年後の2018（平成30）年は、まだピラミッド型の組織でした（125ページ図表8）。従業員が89人に増え、かつては先代を頂点にしたなべぶたに近いピラミッド型でしたが、少し複雑なピラミッド型になりました。

しかし、ピラミッド型の組織にすると、社員は仕事の役割ではなく立場、組織図の上下を見てしまうデメリットもありました。そこで、3～4年前から上下の階層を作らないように工夫してきました。

2020（令和2）年度の組織図は、網目のような構造です（126ページ図表9参照）。

図表8　2018（平成30）年度　イワサキ経営グループ組織図

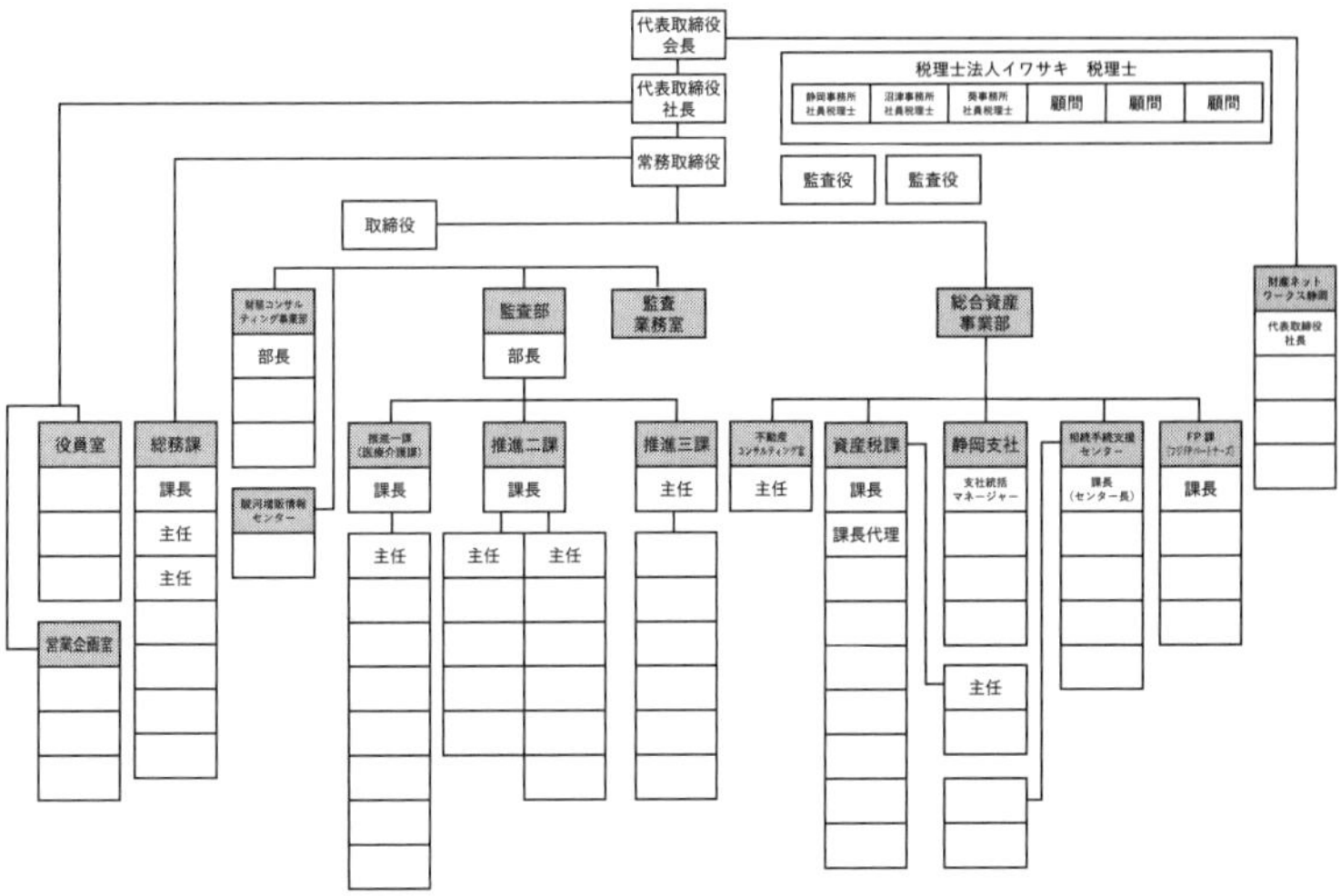

それぞれの部署が網の目のようにつながって、部署単位で連携していこうという意図です。これなら何が上で何が下だか分かりません。上下関係にとらわれずに、横につながりながらチームワークを発揮していくことを可視化したわけです。

2021（令和3）年度もまた変更しました。お客さまを中心にして、その周りを各部署が取り囲むような組織図にしたのです（126ページ図表10参照）。

これも上下関係はありません。

あくまでもお客さまを中心にして、お客さまが求めるサービスを、全社を挙げて提供するという構図です。

図表9　2020（令和2）年度 チーム・イワサキ！組織図

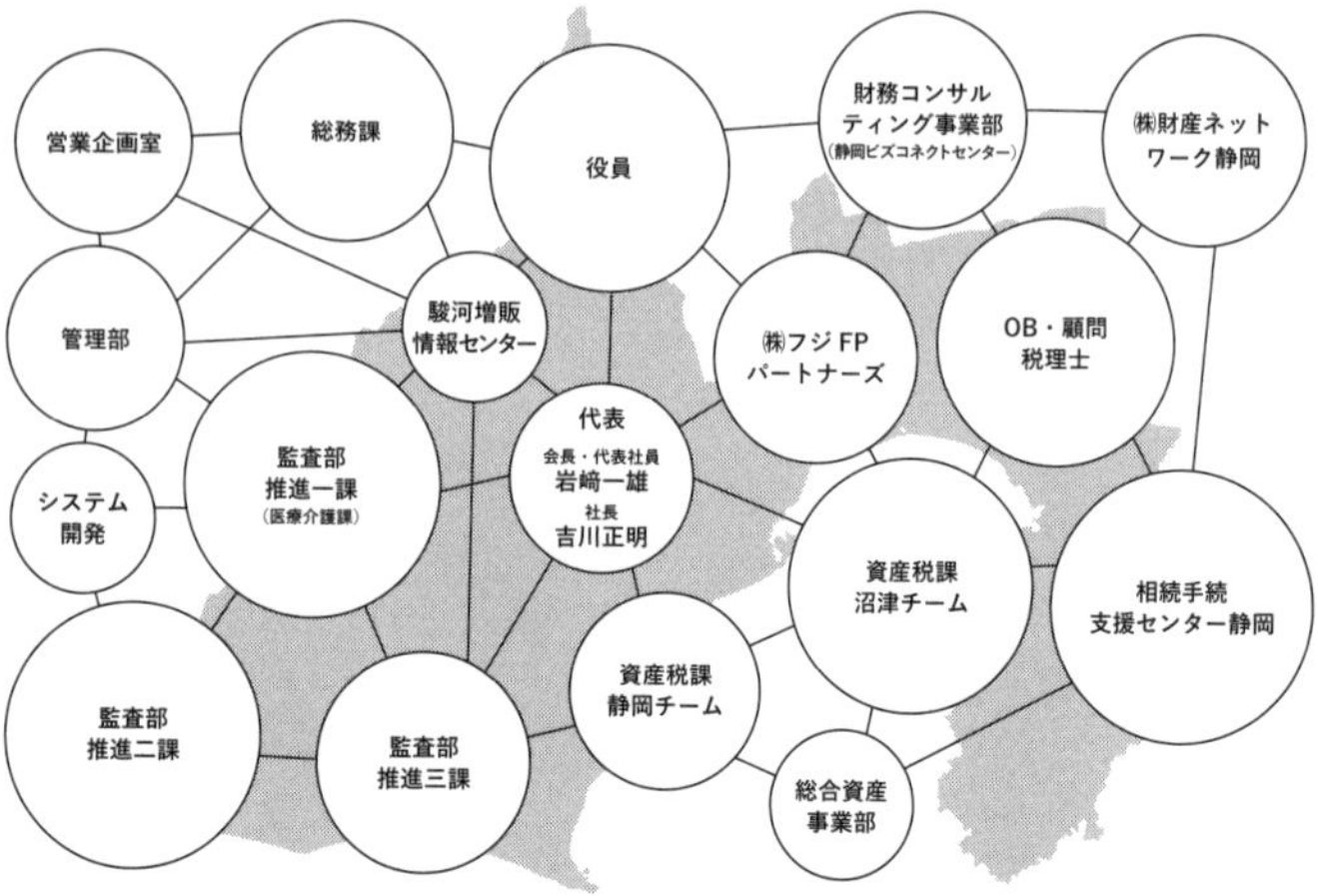

図表10　2021（令和3）年度　チーム・イワサキ！組織図

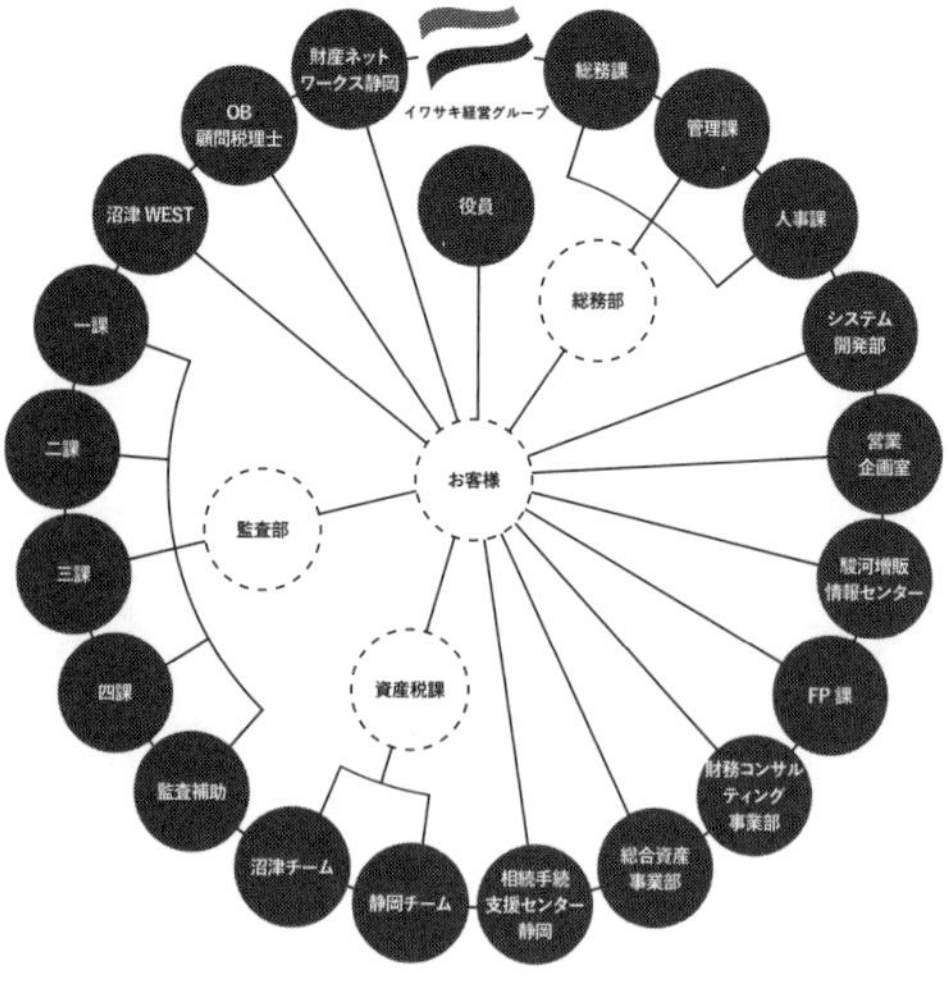

こうした組織図は、特に何かを参考にしたわけではありません。調べてみても、私の感覚と合うものがなかったので、自分のイメージで作りました。

「顧客第一」の理念を組織図で見える化

2021（令和3）年度の組織図では、各部署がお客さまと直接つながっています。だからこそ、立場に関係なく、社員1人ひとりがお客さまに対して責任を持って行動しなければなりません。

もちろん、トラブルがあったり、迷うこともあるでしょう。その時は、各部署から私に直接相談が入ります。社員個人から私に直接、メッセージが飛んで来ることも珍しくありません。私はそれに答えています。

組織の序列を守ることは重要ですが、それに縛られて意見が言えない組織風土を作りたくなかったのです。お客さまは何を求めているのか？　そのために自分たちは何をすればいいのか？　あくまでもこうしたことを最優先にするために、臨機応変なコミュニケーションができる組織を作りたかったのです。

そうはいっても、ピラミッド型の組織にしないと、情報伝達が滞るのではないかと思う人がいるかもしれません。しかし、ピラミッド型の上意下達では伝言ゲームのように、情報にバイアスがかかってしまうこともあります。逆に、ボトムアップ式に意見を吸い上げて社長に伝えようとすると、課長や部長の評価が加わって、正確に伝わらない恐れがあります。

内容によっては、人を介した方が良いものもあるでしょう。私が「こうした方がいいよ」と自分の考えを伝えただけの時でも、直に社員に伝えてしまうと、あたかも会社としての決定事項と見なされてしまうからです。

しかし、ＩＴによるコミュニケーションツールが進化したこの時代に、基本的な方針や自分の考えを発信するのに、人を介する必要はありません。

さすがに１０００人の組織で社長が社員と直接やり取りしていたら収拾がつかないかもしれませんが、１００人規模の当社なら社長と社員が直にやり取りした方が正確で早いこともあるのです。ピラミッド型の組織にしなくても、それぞれの部署が責任を持って仕事をしてくれています。

本書の刊行時点ではこの２０２１（令和３）年度の組織図が最新版ですが、最終形かどうかは分かりません。「顧客第一」を実現するための、より良い組織構造を目指した試行錯誤は今後も続くことでしょう。

従業員承継成功のヒント　社員インタビュー⑤

世代間をつなぐ架け橋が必要

取締役・監査部長・総務部長　村田　圭　2000（平成12）年入社

キャプテンが監督になってしまった……

私は2000年に新卒で入社しました。その時、一番、歳が近い先輩が吉川でした。2人とも野球経験者という共通点があったことから、休日に吉川が参加している野球チームに誘ってもらったこともあります。入社当初から公私ともに可愛がってもらいました。よく、吉川も自分で言っていますが、後継指名のあと数年間は、社内がざわついて、あまり良い状況ではありませんでした。

吉川はあの頃を振り返って「周りの見る目が変わってしまった」と言います。私たちから見ると、むしろ吉川が変わってしまったようにも見えました。

かつての吉川は野球でいうとキャプテンでした。トップの岩﨑が投げかけてくる無理難題に対して、吉川は私たちを守ってくれながら、「ああすればできる」「こうすればできる」と同じフィールドでプレーしながら一生懸命に考えて、一緒に突破してくれる存在でした。ベンチにところが後継指名された瞬間から、急に監督になってしまった感じがしました。座って「あれやれ」「これやれ」と言う側になってしまったような気がしました。

いきなり30代で社長を継ぐといっても、60歳近いベテランがいっぱいいる中での指名なので、肩に力が入っていたのではないでしょうか。

吉川が専務時代の数年間は、お互いに力が入り過ぎて、ぎくしゃくしてしまったこともありますが、その後、皆とコミュニケーションが取れるようになると、吉川から「あれやろう」「これやろう」というのが次々と出てくるようになりました。社内に、思いきって新しいことをやろうという空気も生まれてきました。

社長の考えを伝える人間が社内にいること

先代の岩﨑の経営は先進的で、例えばフルコミッションに近い制度を導入していました。これは会計事務所としては全国でも珍しいことで、当時、新聞に掲載されてくらいです。吉川も先進的な点は同じですが、新しいものを取り入れるという意味では、吉川の方が、数段スピード感があります。だから、吉川と世代が近い私たちはキャッチアップしていかなければ、と思っています。

じつは、私が若い頃は吉川とよく「岩﨑社長はどこかからいい話を聞いてくると、精査せずにすぐに取り入れるよ」と話していたこともありました。もしかすると、今の若い人たちは吉川をそういうふうに見ることもあるかもしれません。

当社も創立当初から社員数が増え、幅広い世代の社員が所属しています。今は、昔の吉川を知らない若手社員もいます。

だから、若手社員の吉川との距離感は、私たちとは違うでしょう。

私は、そのことを意識して若い社員たちに「吉川さんがプレーヤーだったころはこうだった」といったことを話すようにしています。吉川は社内にいませんし、自分からはあまり表現できないとも思うので、これは私や私の次の世代の課長たちの仕事です。

第6章

従業員出身だからできる、会社を発展させる成長戦略

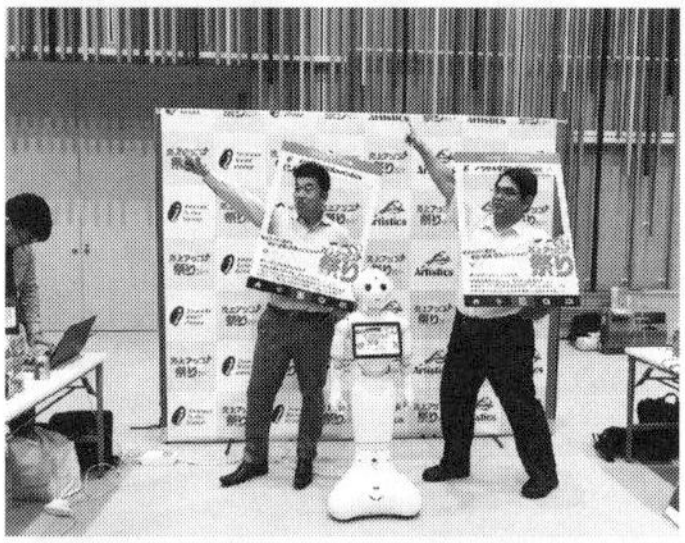

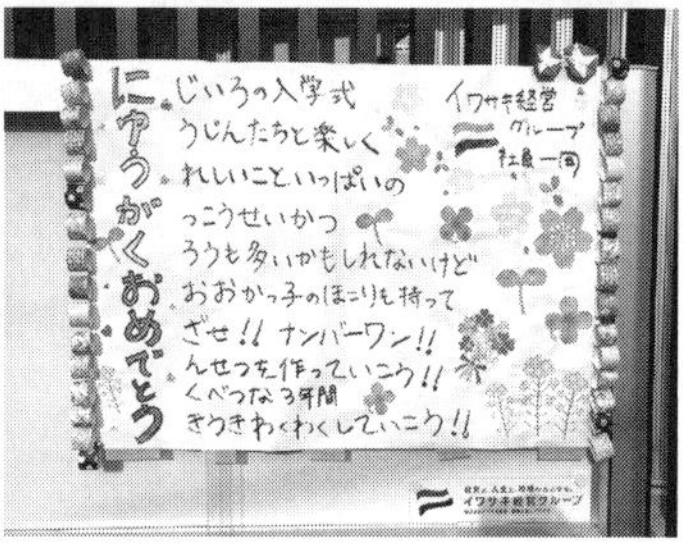

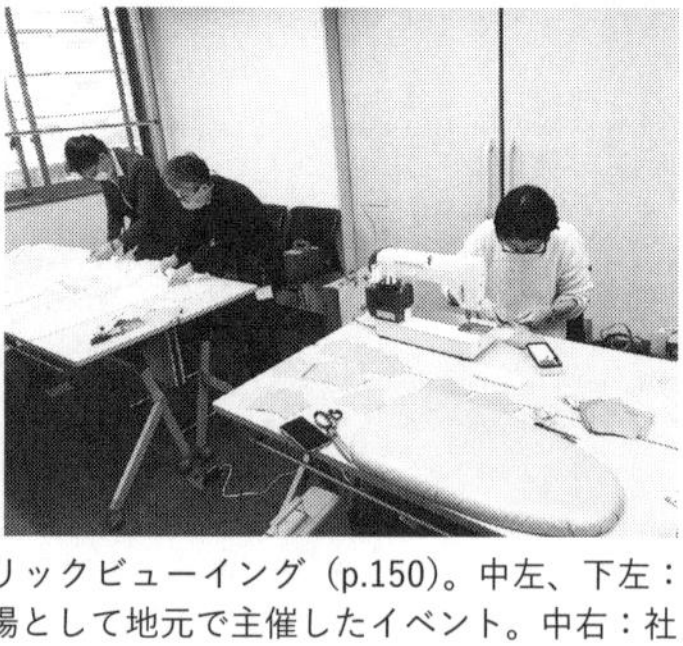

上：社員発案で開催されたサッカーのパブリックビューイング（p.150）。中左、下左：2018年、売上アップにつながる情報交換の場として地元で主催したイベント。中右：社屋の掲示板に貼られた、地元の小中学生へのメッセージ（p.170）。下右：2020年の新型コロナウイルス流行で、不足したマスクを手作りする手芸部の活動（p.150）。

ストック型の税務・会計業務、フロー型の相続業務

当社の税務・会計部門の売上は、私の入社以来10年以上にわたってほぼ横ばいでした。一方、私が担当していた相続部門は右肩上がりで売上が伸びていました。

会計事務所で執り行われる税務・会計の仕事はストック型のビジネス。毎月の経理処理から決算、税務申告まで、1年を1サイクルとして継続的に業務が続きます。既存の顧問先のフォローが中心のため、新規開拓の意識がそれほど強くはありません。

当社では毎年、年初に各人が目標予算を提出しますが、税務・会計部門の場合は売上目標というよりも、ほとんど「予定」です。今、自分が持っている顧問先でこれだけ売上があります、という予定を出すのです。

一方で、私が担当していた相続の仕事は、都度仕事を請け負う、フロー型のビジネス。親から子どもへの相続手続きが終われば、私たちの仕事も終わり。そのため、新たなお客さまを開拓し続けなければ売上が立ちません。だから私は積極的に営業活動

していました。外部向けのセミナーもよく開いていました。

本業の強みを活かして、保険や不動産へと本格参入

私は20代の頃、社内でずっとトップの売上を上げていました。税務・会計部門は、法人の顧問先から顧問料を毎月数万円頂きます。一方の相続部門は、資産家が主なお客さまで、1回の申告で100万円単位の金額を頂くこともしばしばあります。単価が高いのです。

実際には何十回と足を運んでお客さまと信頼関係を築くので、訪問単価で考えるとそんなに高くありませんが、内情を知らなければ、「相続だから売上が上がる」ように見えるかもしれません。

資産税課の所属は私1人、という時期が長く続きました。私は、相続という領域の中でいかに自分の幅を広げられるか？　ということを常々考えていました。

私は、会計事務所だからといって税務・会計部門に限定して仕事をするのがもった

いない気がしていました。お金のことを任されている会計事務所は、顧問先から厚い信頼を得ています。せっかく全幅の信頼を寄せて頂いているのであれば、それを活かして税務・会計以外のサービスも提供できると思っていました。

税務・会計部門が既存の顧問先のフォロー中心ならば、私たちの方で、新規開拓していこうと考えました。

例えば、当社には保険部門や不動産部門がありますが、これらは相続部門から少しずつ広げていったものです。

会計事務所は経営者にとって身近な存在です。保険のノウハウはあまり蓄積されていなくても、お客さまの信頼感から契約を頂くことができるのです。

しかし、売りっ放しだったり、担当が代わると引き継ぎがうまくいかないこともありました。そこで、先代に相談して、保険に詳しい人を雇うことにしました。

売上の金額自体は変わらなかったとしても、お客さまのアフターフォローをしっかりすることで、提供するサービスの質を高め、お客さまの満足度が高まるようにしたのです。

また、私はたまたま宅地建物取引士の資格を持っていましたが、社内には他にも何人かこの資格を持っている人がいて、細々と不動産業務も手がけていました。

不動産は相続がらみの案件が多く、顧問先の不動産オーナーから「不動産を処分したい」といった依頼が舞い込んだり、「収益物件が欲しい」と言うお客さまもいます。お客さまとのコミュニケーションの中から受注につながることが多かったので、こうしたニーズに対応するために、今は専任を1人置いて不動産の仲介ビジネスを手がけています。

保険業務も不動産業務も、中途半端に兼務でやってもうまくいきません。専任を置くことによって、お客さまのニーズを継続的に満たし、ビジネスとして成り立つのです。

たった3人で売上1億円以上

私は課長時代、イワサキ経営とは別会社の設立にも関わりました。

その別会社の親会社は、全国の会計事務所と提携して各地に地域法人を設立し、全国展開していくという戦略を推し進めていました。静岡県内の会計事務所としては大手である当社にも声がかかり、先代が「それは面白い」とすぐに乗り気になりました。当社からも役員を出すことになったのですが、誰もやりたがりません。そこで先代は私を応接室に呼んで、「別会社の取締役になってくれないか？」と打診してきました。相続業務を担当している吉川なら、仕事内容が近いので適任では、と考えたようです。当時、私は26歳。資産税課には私1人しかいませんでした。肩書は課長でしたが、課長からいきなり別会社の取締役です。振り返ると突拍子もないことですが、特に断る理由がありませんでした。

「分かりました」と即答しました。

別会社の経営ではありますが、やるなら本気でやろうと考えて、その別会社の東京本部の会合にも参加させてもらいました。

経営を軌道に乗せるためには、最初はとにかく営業が大事。専任の人を雇いたいと先代に伝えると、「よし、人を入れよう」と快諾してくれて、別会社と、当社の資産税課に1人ずつ採用することになりました。余談ですが、その時に資産税課の社員として採用した人物は今、その別会社の社長になっています。

別会社で営業して開拓したお客さまから税務・会計関連の相談も受けて、当社に紹介していきました。

相続部門は、当社と別会社を合わせて3人だけで活動していましたが、売上は大きく伸びていき、年間1億円を突破しました。

先代からやりたいことを自由にやらせてもらって、面白いように業績を伸ばしていったのです。業界内でも評価して頂き、「3人で売上1億円を突破できたノウハウを話してほしい」と、セミナー講師の依頼が舞い込んだり、業界紙に取り上げられたこともあります。

この時、先代からの評価がすごく高まり、先代が私を後継指名した理由のひとつになったのかもしれません。

専務時代に一転して業績が悪化

私は後継指名を受けて専務になってからも、プレイングマネジャーとして現場の仕事もこなしていました。

現場の第一線にいた時は、力技で突き進んでいたところがありました。しかし、経営陣の1人として会社全体のことも目配せしなければならず、かつてほどのパワーを現場の仕事に対して割けなくなりました。

私が専務になって以降、相続部門の業績が落ち込んでいったのです。退職者が増え、売上も低下。会社全体の業績が悪化していきました。

そして、私が後継指名されて4年後の2010（平成22）年、2011（平成23）年、ついに赤字に転落しました。

「お客さまのために」に立ち返る

この業績低迷期に、様々な業務改革を行いました。

給与形態を変更したのもこの時期です。

当社は業界に先駆けて、先代の岩﨑の時代からフルコミッション制に近い報酬制度を採用していました。

フルコミッションといっても、社員雇用で基本給があります。給与は仮払いで、賞与で精算するという手法でした。

私が若い頃は、この制度があったから仕事を頑張ったところがありました。

しかし、この制度のもとでは、お客さまへのサービスの質の向上よりも、自分の収入を優先する危険もあります。実際に、自分の収入を上げるために、お客さまへのサービスの質よりも効率を重視する人もいました。

そこで、この報酬制度の廃止へと舵を切ったのです。

年収が大幅に下がる社員もいましたが、もう一度、当社の経営理念のひとつでもある「顧客満足」、お客さまの成長と繁栄に貢献するための、価値あるサービスの提供に立ち返るためでした。

多様な人材の採用が復活の起爆剤

もうひとつ、大きく変えたのが採用です。

会計事務所には、どちらかというと、社外に出てガンガン営業するタイプよりも、簿記や税務に精通していてコツコツ仕事と向き合うタイプの人が多いです。「会計事務所で働いているんだから、税務・会計についてこれくらいことは知っておかなきゃいけないよね」という考え方が浸透し、どんな部門の人でも、税務・会計を勉強することが求められていました。

当社が所属している税理士事務所の全国ネットワークであるＴＫＣ全国会には、税理士事務所の職員を対象にした資格試験があります。当社では、税務・会計部門の社員だけでなく、総務なども含めて全員がこの資格を取ることを義務づけていました。ところが、税務・会計とは関係のない部署、例えば営業企画室にこうした知識が必須かというと、必ずしもそうではありません。

私は、むしろ「会計事務所っぽくない人」を積極的に採用するために、この制度と文化を取っ払うことにしました。

税理士事務所職員向けの資格取得を全員に義務づけるのをやめたのです。

その結果、多様な人材が集まってくるようになりました。

税務・会計の担当者は、もちろん税務・会計の知識を駆使してお客さまとやり取りします。それはひとつの能力ではあるのですが、もっと広くいろいろなことに柔軟に対応したり、時代の流れに合わせて機敏に動くことはまた別の能力です。

税務・会計の知識という縛りなしに採用した人が増えたことが、デジタルトランスフォーメーション（DX）といった新しい事業の立ち上げや採用活動の充実につながっています。例えば、このコロナ禍になって真っ先にオンラインセミナーを開催するなど、オンライン対応ができたのは、多様な人材が集まるようになったからこそと考えています。

IT化で業務効率を向上

私が経営者になって、急速に推進したのがIT化です。これが、生産性の向上や業績アップにつながっています。

私が入社した1996（平成8）年こそ、Windows95が登場した直後で、ちょうどパソコンが普及し始めた頃。そこから少しずつコンピュータ会計に移行して当社の社員もパソコンを使うようになりました。といっても、会計ソフトを使うだけ。I

Tを使いこなしていると言える状況ではありませんでした。

近年はDXが叫ばれ、世の中が大きく転換しようとしている時代。私は、思い切ってIT化に舵を切りました。

まず、グループウェアを導入しました。会計事務所は意外とアナログな業界。当社では、日報を紙のノートで提出していましたが、それをやめてデジタル化しました。

スマートフォンも全員に支給しました。

雇用形態に応じて支給・不支給を分ける、例えば正社員だけに支給して、短時間しか出勤しないパート・アルバイトには支給しないケースもありますが、当社は例外を作らず全員支給です。人によって得られる情報に差が出てしまってはせっかくのスマホも意味がないからです。

この延長線上で、固定電話をオフィスに置くのを止め、内線をスマホに飛ばすようにしました。当社のオフィスは完全フリーアドレスですが、これもスマホを全員に支給したので可能になりました。

その結果、FAXの紙出力を月5000枚削減、稟議・申請の回覧期間の短縮化（1

週間→2日以内）、外出先からオフィスに戻る時間の削減や、総務の電話受け取り工数3割減などを達成。これらの業務改善は、ひいては顧客満足度、従業員満足度の向上にもつながっています。

シンプルに、お客さまが求めているものを提供する

近年は、相続や不動産、保険部門が再び成長路線に乗っています。本業の税務・会計も緩やかに成長を続けています。M＆AやDX支援、人材育成といった新規事業も広がっています。

先代が常に言っていたのは「中小企業の発展とその経営者の支援」。税務・会計だけに留まらず、お客さまの成長を総合的に支援していくのが当社のかねてからのコンセプト。その手法が広がっているだけであって、目的は変わっていません。

経営の目的がすでに決まっているわけです。幹はすでにあるので、2代目の私は枝葉だけを考えればいいのです。

「経営の中で一番大切なものは、お客さまに満足してもらい、喜んでいただける仕事をすること」。

これは、私の印象に残っている先代の言葉。

先代はよく、次のような話をしていました。

「商売とは、お客さまの求めるサービスと提供するサービスの内容が合っているか、それだけのこと。利益が出ない会社は、この基本からズレているだけ。だから、シンプルにそのズレを修正さえすれば、必ず黒字になる」

私はこの視点に立って、「相手が何を求めているのか?」「どういうことに興味があるのか?」ということを常に察知するようにしています。

そのうえで、自社にある資源で何ができるかを考えて、枝葉を広げていっているわけです。

DXや人材育成へと事業領域を広げているのは、この考えに基づいているのです。

先代の言葉を引用できるのが後継者の利点

自分の想いや考えを語るとなると、照れくさくありませんか？

いくら経営者といえども「社員たちから批判されたらどうしよう……」という不安が多少はあるものです。

ところが、「先代はこう考えていました」「先代はこう言っていました」と、先代の言葉を利用すると、社員たちに自分の考えを伝えやすい。それこそ何でも言えてしまいます。

もちろん、先代が言ってもいないことを、「先代はこう言っていた」と嘘を付くようなことはしません。しかし、自分が言いたいことと同じようなことを先代が言っていたのなら、「自分はこう思う」と言うよりも、「先代がこう言っていた」と話した方が、説得力が格段にアップします。

もしかすると、先代の言葉そのものを伝える時でも、先代が自分で社員たちに話すより、私が間接的に先代の言葉を引用して伝えた方が、より社員たちの心に響く面があるのではないでしょうか。お客さまから直接褒められるよりも、上司から間接的に「あのお客さまがあなたのことを褒めていたよ」と言われた方が心に染みるのと似ているかもしれません。

先代の言葉を利用できるというのは、後継者ならではの利点だと思います

社員からの自発的な提案は理念浸透の証

会計事務所の枠組みを越えて多様な人材を採用し、新しい事業を広げていくこと。シンプルにお客さまの求めるものを追求すること。

こうしたことによって、社員たちから「こういうことをやりたい！」「ああいうことをやったらどうかな？」と、どんどん提案が飛び出してくるようになりました。

その時、例えば「お花を売りたい」といった突拍子もないことを言う人はいません。「お客さまが求めているものは？」という軸からブレない提案が上がってきます。

社員たちはいろいろな発想を持っていて、私が考えもしなかった提案をしてきます。

そうしたアイデアを聞くのは楽しいものです。

一例として、コロナ禍でマスクが不足した際、社内にあった手芸部が手作りのマスクをたくさん作り、それを社員やお客さまに提供したことがあります。

また、サッカーの試合のパブリックビューイングを主催したこともあります。

2014（平成26）年の2014FIFAワールドカップブラジル大会を前にして、社員が「パブリックビューイングをやりたい！」と提案してきました。

地元の静岡東部出身の選手が代表に選ばれている縁もありましたが、当社が地域貢献を理念に掲げる会社ならば、パブリックビューイングによって地域の人たちに喜んでもらえる、という考えです。

私は、地元の経営者仲間にも声をかけて協賛企業を募り、日本サッカー協会とかけ合って、パブリックビューイング実現にこぎつけました。沼津駅前の大きな会場を押さえました。当日集まったのは約2000人。子どもたちがいっぱい来たのを覚えています。

まだ実現していませんが、ある社員は「農業法人を作りたい」と話しています。

相続関係には農家のお客さまが多いのですが、業界的に後継者不足が深刻です。専業農家を生業にするのは経営的にも厳しく、これからの農業は大規模化していかないと成り立ちにくい。しかし、単独で大規模化する資金がある農家は多くありません。そこで、農家のお客さまがたくさんいる当社が農業法人を立ち上げて農地を取りまとめ、農家の人を逆に雇用すればウィン・ウィンになるのでは、という算段です。なおかつ当社と農家とのネットワークも深まって、相続関係の仕事にもつながって一石二鳥なのではないか、というのです。私はなるほどと思いました。

こうした活動は、すぐに直接的な利益を生むわけではありません。長い目で見れば当社の存在を知ってもらい、採用に結びついたり、将来的に信頼を得ていくブランディングにはなりますが、必ずしも成果を特定できるものではないと考えています。

ただシンプルに、お客さまが求めるものを追求すること。

社員各々がそれを考えて実行する。

業績には直接関係しなくても、社員たちが自発的にこうした取り組みをしているのを見ると、創業者が築いた理念がきちんと受け継がれていることの表れ、会社に理念が浸透している成果、また、社内に信頼関係が築かれている証だと感じます。

「社員第一」が理念のトップの理由

当社の経営理念は3つあります。

1つ目が、「社員第一」、社員の成長と幸福を第一に考え、豊かな生活を支えます。

2つ目が、「顧客満足」。お客さまの成長と繁栄に貢献するため、価値のあるサービスを提供します。そして3つ目が、「地域貢献」。地域社会に貢献し続けることで、世の中に必要とされる会社を目指します。

3つの理念のうち、トップに来ているのは「社員第一」です。「顧客満足」ではなく、「社員第一」の方が先に来ているのは、もしかしたら企業理念の中では珍しいかもしれません。

そもそも私たち会計事務所は、商品ではなく、社員の持っている知識や情報・知恵を売る商売です。いってみれば、社員が商品です。社員自身の心が充実していないと、お客さまに良いサービスを提供できません。

お客さまに提供する商品である社員に磨きをかけましょう、ということで、「社員第一」が経営理念の最初に来ているのです。

社員が充実した気持ちで自発的に仕事に取り組めば、商品力がアップする。必然的に、お客さまの満足にもつながる、というのが理由のひとつです。


もうひとつ、「社員第一」が理念の最初に来ているのは、自分自身が従業員だったから、という理由もあります。

人生の半分は働くこと。せっかくなら仕事は楽しくしたいと思っています。何のためにこの仕事をしているのか、そのためにどんな目標設定をすれば良いのか。

後を継いで経営者になる前に私自身が従業員だったからこそ、社員の気持ちが分かるのです。社員が仕事と会社を好きになれるよう、従業員満足度を高めることを意識しています。

どれだけ創業者が従業員の気持ちになってものを考えるかといっても、従業員になったことがなければ分かりません。その点、自分はずっと従業員でした。しかも、

M&Aのように別の会社ではなく、後を継いだ会社の社員でした。

ですから、社員の自発性を高めるために必要なことが分かりますし、社員の気持ちに基づいた判断も可能です。

例えば、役員会での決定事項を伝える時も、前触れもなく社員に伝えたら戸惑うだろう、とブレーキをかけることもあります。「今、言うと社員がこう思うよ」「この人に話を通してから、こういうプロセスを踏んだ方がいいよ」ということの想像がつきやすいのです。

それ以外にも、私は先代にたった一度だけ懇願したことがありますが、それは業績低迷期、ボーナスの支給をめぐってのことでした。

ボーナスは、利益を分配するもの。利益が出なければ賞与は出せない、というのが一般的な経営者の考えです。

私も確かにその通りだと思います。しかし、私は赤字でも賞与を出しておかないと、社員のモチベーションが下がったり、さらに退職する社員が出てきたりと、この先に悪い影響があると考えました。

逆境の時だからこそ、あえてボーナスを出すという姿勢を見せるべきだと私は主張しました。最終的に先代に理解してもらい、何とかボーナスを出すことができました。

社内に理念を浸透させ、それを事業の拡大につなげていくことは、一朝一夕にはかないません。しかし、創業者を心から尊敬し、会社の理念に共感し、熟知している従業員が事業承継をすれば、創業者の理念を受け継ぎ、成長・拡大路線に乗せていきやすいと思っています。

お客さまに提供できる価値がより大きく、広範囲になっていく。

従業員承継だから実現できたことだと、私は思っています。

関係者インタビュー

YEGの活動を通して、沼津から日本に活躍の場が広がる

大田紀人 氏

有限会社大田呉服店代表取締役

1936(昭和11年)創業の「大田呉服店」(静岡県沼津市)の3代目経営者。沼津商工会議所青年部(沼津YEG)平成24年度会長(現OB会所属)。

加藤訓久 氏

株式会社勢和警備保障代表取締役

1992(平成4)年設立の「勢和警備保障」(静岡県清水町)の2代目経営者。沼津商工会議所青年部 平成27年度会長。

商工会議所青年部（ＹＥＧ）で活動をともにする大田紀人氏と加藤訓久氏。２人から見た吉川社長を語り合っていただきました。

ＹＥＧでの活動を始めたきっかけ

加藤　毎年1回開催される、日本商工会議所青年部（日本ＹＥＧ）の全国大会が、２０１９（令和元）年度は沼津で開かれました。その時の大会会長が吉川社長で、私が実行委員長でした。

10年以上前から、沼津ＹＥＧでは「全国大会を沼津で開きたいよね」という話が持ち上がっていました。「吉川って面白いやつがいるんだけど、いいんじゃない？」と言って、吉川社長本人に何も言わずに岩崎会長を口説きに行った人がこちらの……

大田　申し訳ありません（笑）。吉川社長が何も聞かされずに全国大会の会長になったというのは、まさしくイワサキ経営の次期社長に突然指名された時と同じパターン。イワサキ経営という会社を育てて、吉川社長という人物も育てた岩﨑会長が素晴らしいんですよ……！

加藤　吉川社長は２０１４（平成26）年度から日本ＹＥＧに出向することになっています。その1年目に出向する時、吉川社長は大田さんと話して覚悟したそうですね？

大田　そうです。全国大会の大会会長を務めるには、全国連合である日本ＹＥＧに出向するのが最低条件です。私は居酒屋で、吉川社長にそのことを説明したことがあります。吉川社長はまだＹＥＧのキャリアが浅くて、全国大会がどういう仕組みになっていて、どういう人が引っ張っていくのか分かっていませんでした。その時に私が「日本ＹＥＧに出向するんだぞ。そのうち2年くらいは365日のうちの250日くらいは日本全国を飛び回って、会社の仕事ができなくなる。会社にも家庭にも理解を求めなければならない。岩﨑会長は納得してくれているので、あとは社員にちゃんと説明するんだ。覚悟を決められるか？」というような話をしました。

その時には吉川社長から明確な答えはありませんでしたが、日本ＹＥＧに出向して、沼津の大会を引っ張っていく存在になると覚悟を決めてくれました。

地元から日本へ視野が広がり、経営者として成長する

大田　私たち個人も、企業も、間違いなく地域によって生かされています。利益を生む会社になって、この地域の雇用を守って、税金を納めること。これが社会の役に立つことになるというのが、ＹＥＧの若手経営者の共通認識です。

地域貢献ということで言えば、以前、吉川社長と一緒に沼津にあるサッカーＪ3の「アス

ルクラロ沼津」というチームを盛り上げようとしたことがあります。山梨県・甲府の「ヴァンフォーレ甲府」は約8億円の負債があったのですが、地域との密接な関係を育むことによってサポーターを増やすことに成功して、その当時で2億円まで借金を圧縮していました。私は吉川社長と一緒に甲府まで行って、その手法を学んできたのです。

当時は、吉川社長はまだ地元・沼津という意識が強かったと思います。しかし、日本YEGに出向して、日本全国に仲間が増えることによって、だんだん視野が広がってきている、沼津という範囲だけに限られたことは、もう彼の頭の中ではないかもしれません。

加藤 同感です。おこがましいかもしれませんが、吉川社長はYEGの活動を通してすごく成長したと思います。

まず、人の扱い方が以前よりとてもうまくなりました。

全国大会の準備では、吉川社長から具体的な指示はほとんどありませんでした。吉川社長は人にものを考えさせます。方向性やヒントは示すんですよ。でも、「これをやってくれ」「あれをやってくれ」と具体的な指示をほとんど出さなくても、自分の思いやビジョンで人を働かせるようになったと思います。多分、これはイワサキ経営でも一緒だと思います。人を手のひらに乗せて働かせるのがうまくなっていると思います（笑）。だから社員が育つのだと思います。

大田 なるほど。昔は単独行動の鬼でしたが、最近は確かにそうですね。吉川社長は全国を飛びまわっていて会社にいないことが多いですが、それでもイワサキ経営は成り立っていますよね。

加藤　吉川社長は「経営者とあまり話す機会がなかったけれど、ＹＥＧに入って、経営者ってこんなにわがままでいいんだとわかった」「経営者との接し方はＹＥＧで学んだ」と言っていました。

大田「俺だけじゃないんだ、わがままな人がいっぱいいるんだ」と。

加藤　衝撃的でしょうね。

大田　ＹＥＧに入ったから、今の吉川社長があるんですよ。

加藤　そう思います。吉川社長はＹＥＧで人となりや経営スキルが磨かれたと思います。

第7章

従業員による、従業員のための、従業員承継

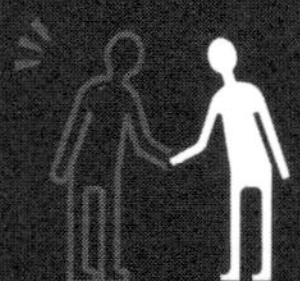

2018（平成30）年10月の新社屋移転の日に、社員一同で撮影。

人のためは、自分のため

私が課長時代に、結婚式の余興を頼まれた時のことです。

ある人気テレビ番組を真似して、新郎新婦の知らぬ間に関係者にインタビューして回り、映像にまとめたものを披露宴で上映しました。新郎新婦の兄弟姉妹を糸口に、学生時代の友達や先生、アルバイト先の同僚まで、数珠つなぎに取材していったのです。

私は、サプライズが大好き。やるなら中途半端にしたくない。

サプライズというのは、感謝・感動の究極の形だと思っています。

私は経営理念の「顧客満足」の解説に、次のように記しました。

「真の顧客満足を得るためには、そのサービスにお客様から感動してもらうことです。そのためには高度なサービスかどうか、報酬が高いかどうかではなく、5千円を1万円に、10万円を20万円に感じさせるサービス、つまり、お客様の予測を上回るサービス、それが『感動』であり、『感謝』されることであり、永続的な信頼関係に繋がる仕事です」

人に感動して頂き、感謝して頂けること。

これは、私にとっての最大の楽しみでもあります。

人のため。

自分のため。

この2つを対極に位置づける人もいるでしょう。

しかし、私はこの2つが同じもののような気がしています。

先代はよく「お客さまの喜びがわが喜び」と言っていました。その影響を受けているかもしれません。

人のためにやることが、結局は自分のためになる気がします。

純粋に、人から感謝されると嬉しいものです。単純に、生きていて良かったと思えます。人に感謝されることが自分にとってのエネルギーだとすれば、それは自分のためにやっているわけです。

経営者にならなければ見えない世界

お客さまに喜んで頂くことによって、自分自身の仕事の成果・成長につながっていく。私は若い頃から、そうしたことに充実感を味わい、仕事を楽しんでいました。

静岡県出身で大学生時代は関東で暮らしていた私は、地元が好きで当社にUターン就職しました。しかし、当時は地域貢献を強く意識していたわけではありません。自分自身の仕事に必死でした。

私が37歳の2010（平成22）年に、ご縁があり、156ページで対談している大田紀人さんに誘われて沼津商工会議所青年部（沼津YEG）に入りました。

実のところ、最初の頃はあまりYEGの活動に乗り気ではありませんでしたが、YEGの活動は、経営者としての私に大きな成長をもたらしてくれました。

「お前は来年、日本へ行け」

私が2代目として社長に就任した2013（平成25）年、大田さんからそう言われました。

「それ、どういうことですか？」

最初、私は全く意味が分かりませんでした。

ＹＥＧは全国大会を毎年開きます。沼津ＹＥＧは何年も前からその開催地の誘致活動を続けていました。オリンピックの招致活動のようなもので、沼津で開催できれば地元への経済効果が大きいものになります。とはいえ、ＹＥＧは全国に４１５の単会があり、年に一度の全国大会を誘致するのはとても難しいことでした。

現在のルールでは、この全国大会の大会会長は2年後に日本ＹＥＧの会長をやらなければなりません。このハードルがものすごく高いのです。日本ＹＥＧの会長になるためには、長期間の出向や会合出席のため全国を飛び回ることも多く、会社を不在にせざるを得ないこともしばしばあります。

この大会会長を私にしようという話が、私の知らない間に決まっていたのです。

大田さんは事前に先代に「吉川くんに、ぜひＹＥＧの全国大会の大会会長をやらせたい」と依頼したそうです。その時、先代は「それくらいのことができないようじゃ、うちの会社のトップは務まらん」と言ったらしいのです。

沼津でＹＥＧの全国大会を開催することが決まり、私は２０１４（平成26）年から日本ＹＥＧへの出向を続けています。

ＹＥＧに入って、最も大きく変わったのは、経営者の人脈が広がったことです。当社で税務・会計を担当している社員は、経営者と日常的に関わっていました。一方の私は、若い頃からずっと相続を担当してきたことから、他の経営者と接する機会がそれほど多くはありませんでした。農家や地主が主なお客さまだったからです。他の経営者と会う時、慣れていなかったので、構えて緊張してしまったくらいでした。ところが、ＹＥＧは若手経営者の集まり。経営者と話すのが苦手とは言っていられません。活動にも深く関わる中で、全国の同世代の経営者とのつながりも広がっていったのです。

ＹＥＧの同世代の経営者たちは、2代目、3代目が少なくありません。すでに事業を継いだ人もいれば、これから継ぐ人もいます。先代との関係に悩んでいる人もいます。親族内か親族外かの違いはありますが、会社の後継者がたくさんいました。

私は、周りの経営者たちから刺激を受け、多くを学ばせてもらっています。

私がイワサキ経営の社長を引き継がなければ、そしてＹＥＧの活動に入ることがなければ、全国の経営者と知り合うことはありませんでした。

地域貢献と利益は別物ではない

沼津ＹＥＧの活動のひとつに、「豊かで住みよい地域の創造に貢献する」ことが挙げられます。地域貢献というと何となく、手間暇はかかるけれど会社の売上や利益には直結しないイメージがありませんか？　私もかつてはそう考えていましたが、今は違います。考え方が変わりました。

一見、何の利益にもならないような地域貢献活動が、めぐりめぐって自分たちに返ってくる。このことを私は実感しています。

一番は、人との出会いです。

地域貢献活動をしていれば、自分が予期せぬ人と出会うことがあります。そこから目に見えて何か利益が返ってくるというよりは、自分にはない新しい情報をもらえたり、新しい気づきや発想が生まれたりするのです。

そうしたことが結果的に、次の業務展開につながっていくと思います。

新しいことに挑戦しようとする時、外からの何らかの情報なしに、アイデアは浮かびません。その情報源こそ、YEGや地域活動から得られていると思います。

こうした出会いをきっかけに、当社に入社した人もいます。

日本YEGに出向して全国を回り、地元を離れて様々な経営者とお会いすることによって、人脈も視野も広がりました。

そこで得た情報をまた会社の事業に還元していく。自社だけでなく、地元にも還元していく。こうした好循環が生まれています。

「ご近所さん」のこだわり

当社も、先代の頃から経営理念の柱のひとつに「地域貢献」を掲げています。「地域社会に貢献し続けることで、世の中に必要とされる会社を目指します」というものです。

社会貢献には様々なやり方があり、例えば発展途上国の支援も社会貢献のひとつだと思いますが、先代も私自身も、「ご近所さん」にこだわってきました。

私は「自分の目に見える身近な人たちにどれだけ貢献できるのか?」という考えで、地域貢献を続けています。

経営理念の解説にも記したのですが、この言葉には2つの意味が込められています。

1つ目は、地域社会への恩返しという考え方です。

例えば当社では、小学生向けの税金教室を開催しています。近所の子どもたちに何か役に立つことできないかということで、夏休みの税金教室を始めました。

また、小中学校での職業講話も行い、会計事務所がどんな仕事をしているのかを伝えています。私自身が出向いてお話しすることもあります。

私たちは、お客様や地域社会のおかげで、明るく豊かな生活を営むことができています。そのことを忘れず、仕事を通じて「地域社会に恩返し」をしていくような組織であり続け、地域にはなくてはならない存在となることを目指しています。

ちなみに、今年の入学シーズンには、近所の小中学生に向けて、社屋横の掲示板に色画用紙で飾られた「入学おめでとう」のメッセージが飾ってありました。

小さなことかもしれませんが、社員にも地域貢献の気持ちが浸透していると感じます。私の代になり、社員が増えてきて、以前と比べて地域貢献を実践できる余力も増えてきたように思います。

「地域貢献」に込められた2つ目の意味は、会社は継続させてこそ、社会へ貢献するのだという考え方です。

会社が継続発展すれば、多くの社員を雇用することができ、納税もすることができます。そしてそこで得た利益を地域社会にも還元し、地域社会がよくなれば、お客様も繁栄し、自社も繁栄し、そしてまた新しい雇用も創出できます。

私たちには、このような成長発展の好循環を常に目指していく社会的責任があると考えています。

時代を超えて指針となる、渋沢栄一翁の教え

企業活動の継続発展を通じて地域貢献を目指す考えは、近代日本の資本主義の父と呼ばれる渋沢栄一翁の考え「事業の私益と公益は高い次元で両立する」と共通するものです。

渋沢栄一翁は、2024（令和6）年に刷新される、新一万円札の顔になることでも有名です。明治時代に活躍した実業家ですが、彼の経営哲学が詰まった著書『論語と算盤』は、時代を超えて現在のビジネスパーソンにも読み継がれています。『論語と算盤』の「論語」は道徳、「算盤」は利益を追求する経済活動を指しています。渋沢翁は、「右手に算盤、左手に論語」という言葉を残しましたが、これは「道徳と利益を調和させる」という意味です。「道徳経済合一」とも表現されます。

彼は、経済を発展させるためには、利益の追求だけではなく、道徳、つまり高い倫理意識の両方が必要という信念を持っていました。

商売をする上でもし道徳が欠けていたら、つまり不誠実な商売をして儲けていても、

そのような利益は決して長続きするものではありません。反対に、道徳ばかり唱えて経済を無視していたら、つまりいかに志は立派でも、それを実現する経営が成り立っていなければ、社員やお客さまの幸福を追求することはできません。

「道徳経済合一」は、多くの人たちの幸せを実現する公益を追求しながら、企業として利益も上げていくという考えです。

この信念を、彼は生涯をかけて広く説き続け、追求・実践していったのです。

渋沢栄一翁はその生涯で第一国立銀行の創立をはじめ、約500の企業の設立、約600もの社会公共事業、福祉・教育機関の支援と民間外交にも関わりました。その数多の功績のひとつに、彼が初代会頭を務めた東京商法会議所も含まれます。

商法会議所は、実業家の建議を取りまとめるために明治時代に設立された経済団体です。商人の地位向上を目指して設立された組織でもあります。現在は商工会議所と名称が変更され、主に中小企業経営における様々なサポートを提供。国や政治とも密接に連携して、「中小企業の活力強化」と「地域経済の活性化」に向けて様々な政策提言、経営支援、人材育成などに取り組んでいます。今日では、全国に515カ所、総会員数は120万人を超える規模になっています。

渋沢栄一翁は、繰り返し再評価されてきた人物です。経営者が自分や会社のあるべき姿を考えるとき、彼の教えが時代を超えて指針になっています。当社の経営理念も、従業員の幸せを第一に考え、お客さまに質の高いサービスを提供することによって、地域に貢献するというものです。

実は日本は、世界でも長寿企業が断トツに多い国です。世界の創業100年以上の企業の4割以上が日本にあるそうです。創業200年以上となると、日本企業が6割を超えるといいます。

一般社団法人「100年経営研究機構」代表理事の後藤俊夫氏（日本経済大学大学院特任教授）は日本に長寿企業が多い理由として「利益追求にとらわれない身の丈経営の企業が多いこと」「社会の公器としての役割を果たしていること」を挙げています。

日本の長寿企業の多くは中小企業です。公益性を大切にするという日本に古くから根づく価値観を持つ、地域の中小企業を後世に残していくことそのものが、経済と道徳の両面で日本の未来の豊かさにつながるのだと思います。

当社も創業50年、これから100年企業を目指す中で、渋沢栄一翁の教えは経営の指針となっています。この教えを意識しながら、これからも経営していきたいと考えています。

残された社員は、従業員承継とM&Aのどちらを選ぶのか？

以前、当社の顧問先の会社で、社長が突然、行方をくらましてしまいました。社長は全てを投げ出して音信不通になってしまったのです。

お客さまがいて、仕事もある。さあどうしようとなった時、1人の社員が、自分が事業を引き継ぐと立ち上がりました。社長が失踪するという逆境に立たされながらも、お客さまのため、社員たちのために手を挙げたのでしょう。

ただ、同じ会社を続けていくわけにはいきません。代表を代わるにしても、失踪した社長がいないと手続きすらできないからです。別会社を設立して、業務も社員も全てそちらに移管する手法を取りました。運転資金の確保などの問題はありますが、新しい経営者は敢闘しているようです。

当社で万が一、先代が社長時代に倒れるようなことがあったら、どうなっていたでしょうか？　きっと、私が継がなくても誰かが継いだと思います。間違いなく、役員や社員の誰かが「自分が引き継ぐ」と手を挙げていたはずです。

経営者にもしものことがあった時、残された社員たちは、一般的には会社を解散することよりも、まずは残された自分たちの力で何とか続ける方策を考えるのではないでしょうか。

つまり、従業員承継です。

もちろん、会社によって様々な事情があるでしょう。後を継ぐ人材がいないケースもあるはずです。付き合いのある会社が支援を申し出てくれることもあるでしょう。働く者にとって魅力的な条件を提示されれば、従業員がM＆Aを選択するケースがあるかもしれません。

しかし、他社に頼らず自分たちで事業を引き継げるなら、自分たちでやろうとするのではないでしょうか。

事業承継せずに会社をたたんでしまうと、そこで働く人たちが職を失います。

長い目で見ると、その時に失われた雇用が他の企業で吸収されていくことでしょう。

しかし、働く人たちは長い目で見ていられません。職場を奪われるというのは、生活がかかった目の前の切実な問題です。

会社視点ではなく、従業員視点

「他社に買収されなくてよかった……」

当社の社員がそう漏らすのを、私は耳にしたことがあります。

私は、M&Aの最大のデメリットは雇用の継続性が失われる可能性があることだと考えています。

M&Aを契機に、役員が一掃されたり、買収後の職場環境の変化に不満を感じて社員が大量に退職する話をよく聞きます。買収に当たって全社員を受け入れなかったり、買収後にリストラするケースもあるでしょう。

他社に買収されたくないというのは、社員にとっては、環境も給料もポジションも変えたくないという保身的な意味もあると思います。変わらないことが、必ずしも良いことだとは思いません。

それでも、社員が辞めてしまっては元も子もない。

あくまでも働く人の視点が私の考えのベースです。


確かに、M&Aはこれからの事業承継のひとつの手段として有効です。ただ、M&Aのメリットとして挙げられているのは、多くが会社目線です。

買い手側のメリットとしては「規模が拡大する」「新規事業に参入できる」「技術力が向上する」などが、売り手側のメリットとしては「事業が拡大する」「廃業コストがかからない」「売却益がある」などが挙げられています。これらは全て会社目線、経営者目線なのです。そこには、買収される側で働いている人たちの行く末はどうなるのか、という視点が希薄です。

近年は、若手ITベンチャーの創業者が企業価値を上げて会社や事業を売り払うケースがあります。ベテラン経営者がハッピーリタイアのために会社を売るケースもあるでしょう。そうなると、従業員視点のかけらも感じられません。

M&Aによって事業領域が広がり、社員の雇用が守られ、成長の機会が増えることももちろんあります。しかし、当社がそうであるように、これらは従業員承継でも実現できます。

事業承継を考えるなら、そこで働く従業員の視点を最優先にすべきではないかと私は考えています。

創業者にとっても、想いを引き継いでもらえるメリット

当社の先代は親族内に後継者がいませんでしたが、おそらくM&Aは選択しなかったと思います。私が後継指名を受けたのは10年以上前ですから、その頃はまだM&Aが今ほど盛んではなかったという事情もあります。

先代は社員の将来や理念の承継について真剣に考えていました。

M&Aによってたとえ事業が存続したとしても、自分の想いが何も反映されていな

い会社に生まれ変わってしまうのであれば、創業者は存続を喜ぶでしょうか？

ベースとなるのは創業者の想い。どういう想いで会社を作り、育ててきたのか？

という部分です。

この部分は消してはいけません。

消してしまうと、創業者が「その人に継がせて良かった」と思えません。


先代の想いを大切にすることで、事業の継続・発展につなげやすいことも、私は従業員承継ならではの良さだと思います。

私はいろんな会社を見てきて、当社は理念が社内に行き渡っている会社だと感じています。理念に基づいて、社員が会社生活を過ごしやすくするためにお互いを思いやっていると感じます。

理念がきちんと受け継がれれば、創業者にとっても幸せなのではないでしょうか。

私は、従業員も先代も後継者も、関係者全員がハッピーになれる承継を目指すべきだと思います。

ただ、これまで私の実体験を紹介してきたように、従業員承継には、後継者の育成や自社株の買い取り、人間関係などクリアしなければいけない課題が山積します。

創業者がもし、従業員に継がせたいという思いがあるならば、そうしたことをひとつずつクリアする努力をして、従業員が継ぎやすいような環境を整えていくと良いと思います。

創業者は会社を捨てる勇気を

ＩＴベンチャーの創業者が会社を売却して富を得るケースが近年は目立ちますが、果たして60代、70代の経営者が会社を売ってお金を手にしたいと思うでしょうか？

自ら立ち上げて、手塩にかけて育ててきた事業と社員に対する強い思い入れがあるはずです。

取引先との関係、頑張ってきた社員との関係、そして地域とのつながり。こうしたものへのこだわりがあるのではないでしょうか。

もし、親族内に後継者がいないなら、まずは従業員承継を検討してほしいと私は思っていますが、なかなかバトンタッチが進まないのが現状。創業者の会社への思い入れが強いから、かえって事業承継が進まないのではないでしょうか。

創業者は、捨てる勇気も必要です。

自分が育ててきた会社を手放す覚悟がないと、いつまで経っても事業を次の世代に渡せません。

後継者の育成も重要です。

従業員承継という選択肢が想定されるなら、早い段階から長期的に後継者を養成した方が良いのですが、多くの経営者は事業承継の準備をしません。

経営者は口では「いずれは引退するから」と言いますが、心の中では自分は永遠に元気だと思っているのかもしれません。実際、元気な高齢者は増えていますが、次の世代へのバトンタッチの準備を早めに進めることが、社員たちの安心にもつながるのです。

継いだ瞬間、継がせる側に

私が会社を継いで9年目に入りました。

私は継ぐ側でしたが、継いだ瞬間から継がせる側になったのです。

私ももうすぐ50歳。今の段階では会社の成長を粛々と達成していくことに重きを置いていますが、そろそろ次の代のことも考えていかなければいけないと思っています。

会社の永続性を考えて、自分と年が20〜30歳くらい離れている人に後を継がせるとなると、その人は今、20〜30代。入社間もない人から経営者としての適性を見極めるのは簡単ではありません。

先代は、34歳離れた私を思い切って後継者に指名しました。しかもたった1人で決断したのです。

しかし私は、先代が私に継がせたのと同じように次に継がせる自信がありません。

必ずしも1人に全てをゆだねるだけが答えではないとも思い、「ホールディングス経営」はどうだろうと考えたりもします。

各部署で頑張っている人たちが会社を作って、それぞれが社長になるという形があってもいいでしょう。所有はホールディングス、経営は各事業会社といったように、所有と経営を分離させるわけです。

後継者を育てるよりも、他社に売ってしまうM&Aの方が、簡単です。私個人的にもハッピーリタイアになるかもしれません。

しかし、いざM&Aを選ぶかといえば、躊躇します。社員にとって、それが本当にベストかどうかを考えてしまうからです。

今、親族内に後継者がいなければM&Aだよ、という流れが強まっていると思います。

そうした流れに一石を投じたい。

M&Aの前に、従業員承継を考えるというワンステップがあってもいいと思っています。

おわりに

先代夫妻からの「ありがとう」

「会社をこんなに大きくしてくれて、ありがとう」

私は先代の岩﨑夫妻から、こうしたお礼の言葉をかけられます。

「4人で始めた会社がこんなに大きくなって、本当に幸せです」

そんな感謝のお手紙を、毎年のように頂きます。

私は社員全員の誕生日にメッセージを書いていますが、先代の奥さまにも贈っています。ある年には、奥さまから「お誕生日の心温まるお手紙を頂戴し、ありがとうございました。吉川さんは若いのに本当に良くやってくれています。後のことは宜しくお願いします」と、お返事を頂いたことがあります。

尊敬する方に感謝して頂けるのは、私にとって本当に嬉しいことです。

そのたびに、この会社を継いで良かったと思います。

私は新卒で入社して、32歳で後継指名を受け、7年間の専務時代を経て2代目社長に就任しました。2021（令和3）年時点で足かけ25年間、このイワサキ経営で過ごしてきたことになります。

先代がしてきたことをずっと見続けてきて、先代がこうあってほしいと想い描いてきた会社のイメージを決して損なうことなく、規模を拡大し、成長・発展を遂げることができました。

先代にとっても、自分たちの理想の会社になったと、想像した以上の会社に成長していると感じていると、信じることができます。

後継者として事業を継ぎ、今のイワサキ経営があるのは、創業者がゼロから築いた歴史があったからこそ。歴史を共にした仲間の社員がいて、私の後に続く社員が、これからの会社の未来を担ってくれたら、この会社にとってこれ以上幸せなことはありません。

後を継いで、本当に良かった

今となっては、心の底からこう思います。

「後を継いで、本当に良かった」

経営者になると、従業員と比べものにならないくらいスケールの大きな仕事ができるようになります。自分自身の判断で決められることが圧倒的に多い。

ＹＥＧの活動を通して、全国の魅力的な経営者と知り合うこともできました。

事業を承継することによって、私の人生が一気に広がったのです。

もしかしたら、Ｍ＆Ａを選択していた方が、会社はより大きな成長を遂げていたかもしれません。

それでも、先代にとっても、社員にとっても、後継者である自分にとっても、求めていた会社の姿になっていることが、何よりだと思っています。


私が勤めていたのが中小企業で良かったと思います。

大企業に勤めたことない私は、大企業の良さが分かっているわけではありません。

しかし、大きな組織に埋もれることなく、自分のやりたいことを実践して、自己実現していきやすいのは中小企業ならではだと思います。


日本の企業の99・7％は中小企業で、日本経済を支えているのは中小企業。

私たちは普段、地元の中小企業を元気にする仕事をしています。

YEGでは全国の中小企業の活性化と向き合っています。

会社を残したいのに、親族内に後継者がいない。

そんな悩みを抱えている経営者は多いと思います。

親族内に後継者がいなければ、従業員から選ぶ選択肢もあります。

会社への想いも従業員の雇用も受け継いでほしければ、従業員承継を選べば良いのです。

先代も、後継者も、従業員も幸せになる。

地域の活性化にもつながる。

それが従業員承継です。


後継者不在に悩む経営者。

自分が継ごうか迷っている従業員。

この両者の背中を押すことができたのなら、これほど嬉しいことはありません。

2021（令和3）年7月

株式会社イワサキ経営 代表取締役社長
日本商工会議所青年部 会長（令和3年度）
吉川正明

〈特別鼎談〉

従業員承継が日本の中小企業経営の未来を拓く

石田　徹

日本商工会議所・専務理事［写真中央左］

吉川正明

株式会社イワサキ経営・代表取締役社長／日本商工会議所青年部・会長（令和3年度）［写真右］

青木仁志

アチーブメントグループ・最高経営責任者（CEO）［写真中央右］

ファシリテーター

木俣佳丈

元参議院議員／アチーブメント株式会社・顧問［写真左］

コロナ後の経営と経営者のあり方

木俣　２０２２（令和４）年には、日本商工会議所は設立１００年を迎えます。この記念すべきタイミングで、２年前には石田専務の肝入りで東京商工会議所が新しいビルに生まれ変わるなど、大きな転換点になりました。

新型コロナウイルスの流行で、日本経済は今、重大な危機に直面しています。そうした中で、商工会議所が果たす中小企業支援の役割、また、アフターコロナの経営や経営者のあり方について、お話を伺っていきます。

石田　今回のコロナ禍によって、経営資源が乏しい中小企業は大きな打撃を受けましたが、全国に５１５ある商工会議所は、事業存続の危機に直面した中小企業に対して様々な支援を行ってきました。また、各地の商工会議所から上がってきた生の声を集約して政策要望・政策提言を行い、いくつも実現してきました。商工会議所は中小企業支援という機能を確実に果たすことが期待されている点において、社会におけるエッセンシャルワーカーとしての役割を担う組織だと改めて実感しました。

一方、中小企業の多くはコロナ禍による危機を乗り越えながら、何とか雇用を維持し、事業を存続させてきました。大事なのは、事業を維持しつつ、アフターコロナをにらんで変えられるところを変えていくことです。今回のコロナ禍で日本はデジタル化の遅れが指摘されましたが、中小企業はピンチをチャンスに変えるような方向で事業を再構築していくことが大事だと思います。

国もそうした事業再構築支援の予算をつけていますから、我々は引き続き、国と中小企業の架け橋として力を入れていきたいと思っています。

木俣　商工会議所の果たす役割と出番は大きいですね。

日本の雇用の約7割を占めるのが中小企業です。私はこのコロナ禍によって、「人が働くことの大事さ」が改めて浮き彫りになったと感じます。福沢諭吉が「世の中で一番楽しく立派なことは、一生涯を貫く仕事を持つこと」と言ったように、働き場の提供こそが企業の使命です。

石田　そうですね。今回のコロナ禍で特徴的だったのが、中小企業は経営状況が厳しくても、雇用削減しないことです。「雇用削減を実施した、あるいは検討した」という企業は、2020年でわずか4%くらいでした。2021年の今は少し上がりましたが、それでも6％くらいにとどまっています。中小企業にとって、従業員が非常に大事であることの証しではないでしょうか。

吉川　今は国の支援策が充実しているので倒産が少ない状況だと思います。しかし、これからです。今後、中小企業は本当に経営が厳しくなっていくでしょう。金融支援を受けてなんとか一時的にお金を借りたものの、もうすでに使い切っている企業がたくさんあります。すでに返せなくなっている企業も少なくありません。ここ2～3年が勝負になるのではないでしょうか。

青木　私は会社を創業して34年経ちますが、今こそ、経営者の経営能力が試されていると思います。観光や外食など、間違いなく打撃を受けている業界の中でも、業績を伸ばしている企業があります。

このコロナ禍は、本物の経営者を生き残らせるための「天の意志」でもあると思います。逆風でも業績を伸ばせるかどうかは、経営者のメンタルの影響が非常に大きい。「もうダメだ」と諦めてしまうと、業績が下がってしまいます。経営者は経営力強化に向けて自ら努力していかなければいけません。

石田　同感です。よく「自助・共助・公助」といわれます。確かに、公助によって事業を維持する局面は必要ですが、最終的には公助だけに頼るわけにはいきません。経営者は自助で浮上していくしかない。それはまさに経営者の決断やメンタル、そしてその会社の「自己変革力」にかかっています。

東京商工会議所がアンケート調査したところ、ビジネスのやり方を少し変えるというのも含めた広い意味でのイノベーションに取り組んでいる、あるいは取り組もうとしている企業の割合が7割を超えているという結果が出ました。

木俣　それはすごいですね。ちょっと厳しい言い方になりますが、このコロナ禍は、きちんと産業として成り立っていなかったところをブラッシュアップして、またお客さまに真向かうことを考えてみようという、良いきっかけになったのではないかと思っています。

もうひとつ、近年では、「日本が好きな、いいパターンに入ってきた」というのが私の考察です。それはひとつには、「公」、つまりSDGsを考えない企業はダメだという意識が全世界に広がりました。「理念」にまつわる部分は、これは日本が得意なところです。もうひとつは、日本はDX（デジタルトランスフォーメーション）では遅れていると指摘されていますが、私はかえって日本が得意な「追い付け追い越せ」のパターンになったと思うのです。というのも、『論語と算盤』でいえば、ＳＤＧｓは論語、ＤＸは算盤に当たります。日本人は昔から、算盤の部分も得意でした。

中小企業が光れば、日本が光る

石田　日本は長寿企業が非常に多い。１００年を超える企業だけでも３万３０００社くらいあります。長寿企業に共通しているのは、経営理念・哲学がしっかりしていることです。なんのために自分の会社は存続しているのか、社会にどう貢献するのかという理念が明確です。同時に、先ほどの自己変革力も持っています。

環境変化に合わせて、ただ変わればいいというわけではありません。理念という背骨を軸に変わっていくというのが日本企業はうまい。ですから、今は、いい方向に変わるためのチャンスの時を迎えているのかもしれません。

青木　おっしゃる通りです。「物心両面の豊かな人生の実現」というのは、いつの時代も変わらない万民の願いだと思います。お金で全て解決するというのではなくて、「心」が大切だというのが私の考え方です。社員を幸せにできる経営、お客さまに喜んでもらう経営、社会のためにもっと納税できる経営。そうしたことを本気で目指すのが経営者のあり方だと考えています。多くの人が経営の「やり方」ばかり勉強しますが、私は「目的」が大事だと思います。

吉川　私は理念経営をアチーブメントの講座で学んだ時、当社の先代もやってきたことだと改めて感じました。

当時は珍しかったようですが、先代は30年以上前の数人規模のときから経営理念を掲げていました。朝礼では、社員全員で毎日、理念を唱和していました。理念浸透が徹底していたから、私が事業承継した今でもその状態が継続して、社員の考え方や行動にも落とし込まれていると感じています。

また、私が専務だった承継期間中は、月に一度、先代とのミーティングがありました。経営方針などが議題でしたが、先代がいつも話していたのは、経営者のあり方やお客さまへの姿勢。最後は挨拶と掃除の重要性で締めるのがお決まりでした。話す内容は9割方いつも同じで、「また同じ話だ」と当時は思ったこともあったのですが、自分が経営者になると、案外、社員の前で同じ話はできないものです。振り返ると、経営者が理念を繰り返し、反復して伝えることが、いかに重要かと思います。「また同じ話だ」と思う頃にはもう自分に浸透している。

木俣　先代は理念経営を徹底されていたのですね。吉川さんが事業承継された際も、先代の理念は変えずに引き継いでいらっしゃいます。本文中にもあるように、「不易と流行」の「不易」の部分ですね。

一方で、「流行」つまり変えなければいけない戦術的な変えるという吉川さんの考えも、色濃く出ています。

吉川　私は基本的には先代の考え方をそのまま踏襲しました。しかし、かつてとは時代が違います。働き方にしても、昔は深夜まで働くのが美徳と見なされていましたが、今はそれは悪です。だからといって、今の基準と照らし合わせて、昔が間違っていて今が正しいのかというと、そうではありません。今と昔では正しさが異なるのです。時代に合ったやり方を常に考えなければなりません。例えば、本文第4章で触れたブランディングもそうです。また、当社はDXには早い段階から力を入れています。私自身、2014（平成26）年から日本YEGに出向し始めて、会社にいなくなってしまったので。

木俣　自動的にやらざるを得なかったということですね。

吉川　それまではアナログの会社でした。出張から帰ってくると、机に書類の山ができていて、その処理に時間をかけることの繰り返しになってしまっていました。でも、外出時や移動中もホテルでも、時間が空いています。そういう所で仕事ができる仕組みを作らなければという必要性に駆られて、早い段階でデジタル化をスタートさせました。

木俣　DXのことは本文中でも触れていますね。

吉川　はい。このコロナ禍にあって、テレワークに比較的スムーズに移行できました。私は様々な顧問先を見ていますが、先代の目があってなかなか流行の部分を進められない2代目が少なくありません。そういう意味では、私は恵まれていました。私がやることに対して、先代は口出しせず、温かく見守ってくれていました。事業承継の肝は「先代の寛容さ」だと、自分自身の経験からは感じます。

価値ある企業資産をつなぐ、人材教育の重要性

木俣　吉川さんから事業承継のお話が出ました。後継者不足によって、このままだと

黒字経営の企業の約半数が廃業する恐れがあるそうです。中小企業の事業承継について、現状や将来をどのように見ていらっしゃいますか？

石田　事業承継は、本当に重要な課題と捉えています。中小企業白書によると、1995年から2018年までの間に、中小企業の経営者の年齢ピークが47歳から69歳に上昇しました。23年間で22歳上昇したということは、経営者の若返りがほとんど進んでいません。しかも、今、60代以上の経営者の半数近くは後継者がまだ決まっていません。このままでは貴重な経営資産が失われてしまうリスクが大きいわけです。

これを何とか次代につないでいかなければなりません。ところが、今、親族内承継が難しくなってきており、吉川さんのような従業員承継、あるいはM&Aが増えてきています。価値ある企業資産が失われないように、どうやって意欲と能力のある人につないでいくかというのが、国にとっても商工会議所にとっても大きなテーマです。

そのために、税制や事業の磨き上げ、先代経営者の啓蒙など、様々な側面でシームレスな支援を組んでいく必要性を感じていますし、国への政策要望もしながら取り組んでいるところです。

木俣　実際に従業員承継をして、どう感じましたか？

吉川　親族内承継ができず、他の方法を考えるしかないとなったとき、今はどちらかというとM&Aを検討する傾向が強い。私は自分が経験したこともあって、その間にワンクッション、従業員承継を検討してもいいかとは思います。

もちろんM&Aにも売り手側・買い手側双方にメリットがありますが、本文中でも触れた通り、会社目線のような気がします。そこで働いている人たちにあまり焦点が当たってないと感じるのです。実際に、当社の社員は「第三者に売られなくてよかった」と、言ってくれています。従業員承継の方が社員たちが安心できるとは思いました。

木俣　従業員承継の場合、株の買い取り問題が切実ですよね。

吉川　そうですね。利益が出ている会社だと大変です。当社も、承継するための金銭的なハードルが高い点に苦労しました。

石田　従業員承継の場合、自社株買い取り問題に加えて、経営者の個人保証を求められ、二の足を踏んでしまうケースがどうしても多い。我々も課題だと認識しています。そこで、2019年、日本商工会議所と全国銀行協会を事務局とする「経営者保証に関するガイドライン研究会」が「経営者保証に関するガイドライン」の特則をまとめました。これは、事業承継時の経営者保証の取り扱いについて、具体的な着眼点や対応手法などを定めたものです。

木俣　吉川さんは本文中で「経営者保証は覚悟の問題だ」と述べています。

吉川　借り入れの金額と財務状況によるとは思いますが、自分で商売を始めても借金するわけです。経営者としての覚悟を持てるかどうかということも、後継者として大事なことだと思います。そこは教育にかかっていると思います。私も、指名されてから7年間、先代から教育を受けていますので。

石田　いきなり「明日からやってくれ」と言われても難しいですね。

吉川　様々な事業承継のガイドラインを見ると、事業承継計画を10年スパンで考えるべきだと記されています。理想はそれくらいです。最低でも5年以上は必要だと思います。

青木　まさしく、吉川さんのおっしゃる通り、今のお話で大事なのは、事前対応です。いかに段取りをしっかりするかだと思います。私は吉川社長の7年という承継期間は本当にいい期間だったと思います。

事業承継には「経営機能の継承」と「経営技能の継承」の2つの面があります。経営機能とは、営業や生産、人事といった企業を動かしていく役割のことです。一方、経営技能とは、いわばパイロットの操縦術のようなものです。人使いの下手な人、感謝の心がない人は経営できません。資産を残して会社を2代目に継がせても、人望がないと続きません。

渋沢栄一の教えにはある信頼というものがあります。これは無形の資産です。経営者は誠実でなければいけません。吉川さんは誠実な人です。皆に愛されているんですよ。だから日本商工会議所青年部の会長に選ばれたわけです。そういうリーダーをいかに日本の社会にもっと増やすか。私は、教育が大事だと思います。

木俣 おっしゃる通り、人材教育が大事です。渋沢栄一がなぜ『論語と算盤』を著したのか。62歳でフランスに行ったとき、イギリス人やフランス人に「なんで日本人は、こんなに信用できない人間だらけなんだ?」と言われたのがきっかけだったそうです。

青木 ショックですね、それ。

木俣 それでなんとかしなければいけないと考えたわけです。

今も「金儲けがうまければいい」というような風潮が強まっていますよね?

青木 本当にそうです。

木俣　100年経って、1周まわってまた渋沢栄一が求められる時代が来た感じがします。

石田　その通りです。今、渋沢栄一が脚光を浴びているのは、世の中の価値観が揺れているからでしょう。会社が急成長していても、その先の究極の目的は一体なんなんだというところが、必ずしもはっきりしていないのではないでしょうか。

コロナ禍前でしたが、中国のある超巨大企業グループが「渋沢栄一を勉強したい」と、チームを組んで私の所にも取材に来ました。急成長はしているけれど、その先、自分たちは一体何を目指したらいいのかを中国企業も考え始めています。

青木　シンプルに言えば「人生の目的は何か？」ということを我々は考えるわけです。究極は「幸せになること」です。ピーター・ドラッカーが「経営の目的は利潤の追求ではない」と言っています。「人を幸せにできる経営を目指す」ことが、我々経済人としての目的だと思います。この目的さえ見失わなければ、人はまとまり、経営がうまくいくのです。こういう時代こそ、もう一回、原点回帰すべきです。損か得かではなくて、本当の意味で生かされていることへの感謝、日本の国への感謝が大切です。この心を持って経営していけば、必ず会社は成長し、国家も良くなると思います。

吉川正明（よしかわ・まさあき）

株式会社イワサキ経営 代表取締役社長
日本商工会議所青年部 会長（令和3年度）

1973年生まれ、静岡県三島市出身。幼少期から高校まで野球に打ち込み、少年野球団や中学野球では強豪チームとして数多くの大会に出場。また、高校は文武両道を掲げる地元の進学校である韮山高校に進学した。流通経済大学を卒業後に、現在のイワサキ経営の前身である岩崎一雄税理士事務所に就職。入社5年目には個人売上で全社1位を達成。入社10年目に突如として後継者指名を受け、専務に就任。
2013年代表取締役に就任。社員満足度日本一のワンストップコンサルティンググループというビジョンを掲げ、サービスの質の向上を追求し続けている。就任当初から従業員数は約2倍になり、売り上げも過去最高記録を更新している。(2021年時点)
2010年より沼津商工会議所青年部（沼津YEG）所属。2014年より日本商工会議所青年部（日本YEG）に出向。2021年度、日本商工会議所青年部会長を務める。

“跡継ぎ”がいなくても会社は残せる！
必ずうまくいく従業員承継のススメ

2021年（令和3年）8月2日　第1刷発行

著　者――吉川正明
発行者――青木仁志
発行所――アチーブメント株式会社
〒135-0063　東京都江東区有明3-7-18
有明セントラルタワー 19F
TEL 03-6858-0311（代）／ FAX 03-6858-3781
https://achievement.co.jp
発売所――アチーブメント出版株式会社
〒141-0031　東京都品川区西五反田2-19-2
荒久ビル4F
TEL 03-5719-5503 ／ FAX 03-5719-5513
http://www.achibook.co.jp
［twitter］@achibook
［Instagram］achievementpublishing
［facebook］https://www.facebook.com/achibook

装　丁――鈴木大輔、江﨑輝海（ソウルデザイン）
本文DTP――キヅキブックス
編集協力――山口慎治
校　正――株式会社ぷれす
協　力――株式会社セルワールディング 清水康行

印刷・製本――株式会社光邦

 ISBN 978-4-86643-096-6